本书为"中国校园足球改革的障碍及其
突破路径研究（ZDGZ2017-04）"成果

中国校园足球改革的
障碍及其突破策略

孙科 著

天津社会科学院出版社

图书在版编目（CIP）数据

中国校园足球改革的障碍及其突破策略 / 孙科著
. -- 天津 ： 天津社会科学院出版社，2019.8
ISBN 978-7-5563-0568-1

Ⅰ．①中… Ⅱ．①孙… Ⅲ．①青少年－足球运动－教
学改革－研究－中国 Ⅳ．①G843.2

中国版本图书馆 CIP 数据核字(2019)第 174112 号

中国校园足球改革的障碍及其突破策略
ZHONGGUO XIAOYUAN ZUQIU GAIGE DE ZHANG'AI JI QI TUPO CELUE

出版发行：天津社会科学院出版社
出 版 人：张博
地　　址：天津市南开区迎水道 7 号
邮　　编：300191
电话/传真：（022）23360165（总编室）
　　　　　　（022）23075303（发行科）
网　　址：www.tass-tj.org.cn
印　　刷：北京盛通印刷股份有限公司

开　　本：787×1092　毫米　　1/16
印　　张：9.75
字　　数：168 千字
版　　次：2019 年 8 月第 1 版　2019 年 8 月第 1 次印刷
定　　价：68.00 元

目　　录

序 一

2017年6月29日,我受邀参加了《体育科学》《中国体育科技》杂志主办、曲阜师范大学承办的"融合与发展"学术研讨会。开幕式结束以后,我前往分会场。初来曲阜师大,我对路况不太熟悉。正好,在电梯口碰到了也是来参加学术会议并同样也在找地方的小伙子,眼缘不错,就攀谈了起来。短短几分钟,这个年轻人就给我留下了深刻印象,发现他是个极具敏锐学术眼光的人,也是一个对学术非常尊重并有志研究的人。那时我刚刚到南体不久,内心渴望结识并引进优秀人才。这一次见面使我们很快成为在学术上无话不谈的至交。可以说,我们是在"迷路"中结识成的"忘年交",是在"迷茫"中找到的"同路人"。或许,这就是缘份。这种"迷途相识",也注定了我们共同在体育学术探索和期刊发展道路上,走过了一段不寻常的历程。

早年,我最初参加工作时曾在《体育与科学》当过编辑,也在《金陵晚报》做过体育记者,后来又到机关工作了20年。2016年6月,我从江苏体育局调到南京体育学院工作。到任之后,作为一校之长,首先思考的问题是如何办学,如何提升南体的影响力。学科建设是学校的立足之本,如果没有好的学科发展,就不会有凝聚人才的高端平台,就谈不上学术影响力。而一流的学科建设,就要有一流的学术期刊来推动、引领。于是乎,我就提出了"办好一本期刊,盘活学术一盘棋"的学科建设思路。在《南京体育学院学报》(社科版)改刊名为《体育学研究》以及刊物发展的过程中,从刊名选择到英文名的论证,从栏目设置专家约稿,从审校稿件到宣传推送,孙科都付出了辛勤的劳动,做出了很大的贡献。他是搞中国足球改革、足球文化研究的,又对口述史研究感兴趣。我们《体育学研究》就特地为他开设了"体育口述史"特约专栏,帮他联系了杜兆才、徐根宝、高洪波等足球界举足轻重的人物,全年六期连续发表了六篇他的有关中国足球的访谈,在体育界、足球圈引起了强烈的反响。

在当今学界,大家过着"项目化"的生活。发表论文、拿课题,成为衡量学者过得好不好的参照物。我以为,做体育学者,一是要有时代责任感,把脉中国体育出现的问题,寻找治愈的良方。正所谓"纸上得来终觉浅,绝知此事要躬行",要顶天立地,投身体育实践;二是要有学术情怀,找扎实实做文献,拓展体育学术研究的深度、广度。可谓"板凳需坐十年冷,文章不写半句空",要耐住寂寞,献身体育学术。可惜,大多数年轻人已经耐不住寂寞,盯着"帽子""位子""票子",不拿下一官半职,决不罢休。这种风气是不值得提倡的。我们在赢得这些身外之物的同时,也丧失了人生中很多宝贵的东西。

我觉得,既然投身体育学术了,就要以学术研究为本,不要为外物所役。在我看来,孙科是一个极有学术天赋的年轻学者,又是一个有很强组织、管理、总结能力的社会活动家,身边既结识了一批非常有天赋和潜力的年轻才俊,又和不少学者大家成为挚友。让我深为感动的是他对导师和帮助过他的人总是念念不忘,我觉得一个懂得感恩的人一定是个真诚待人、善良正直的人。希望在今后的学术生涯中,他能够不忘初心,踏踏实实,守住学术,深耕学术,很好地将体育实践和学术研究结合起来,做出一番成就。

是为序!

序　　二

孙科博士项目的成果《中国校园足球改革的障碍及其突破策略》完稿了,要我写个序。我是孙科博士的私塾先生,不是现代意义上的师生之谊。作为孙科博士的老师,当仁不让就得写几句。

我发现自己对足球的思考与孙博士的课题研究有关联。2015年他要投身社会科学研究,征求我的意见。那年恰逢《中国足球改革发展总体方案》出台不久,这是当代中国体育史上的大事件,我就建议他做足球研究,他听了,积极申报,得到体育学界专家的认可,把重点项目批给当时还是讲师职称的他,这在国家级社科项目评审史上,大概绝无仅有吧,我理解这是一种不拘一格的制度灵活性。对于孙科则是一种科研动力,他也以一种别具一格的方式做课题。2017年起,以课题组与高校合作的方式,以年度为周期,每年举行一次中国足球发展论坛,济南、芜湖、南京连续三届,我都应邀参加,我也按年度把自己研究足球的心得,以主题发言的方式与大家分享。

第一次济南论坛上,我讲的是"幼儿足球论",讲了四个问题,第一,技术认知,明确足球的"高技术"性质;第二,足球技术的"内生"规律,提高训练内容的"专项化";第三,"以赛代练"实战性训练,训练时间安排的"有机化";第四,幼儿足球体系,利用好"球艺成长优质期"。

第二次论坛是去年在芜湖做的,我讲了两个问题,一个是足球如何登场;另一个是足球如何成长。

第一,"足球登场"是中国人对现代体育的理解,是时代的呼应。中国目前处于体制转轨时期,体育转轨是具有中国特色的,不同于西方体育,具有较强的人为性,这是中国人改造现代体育的独特方式,这一点在中国足球改革上体现最为明显。

从方法论上来看,体育是观察国内与国外局势很好的视角,本身也是研究历史很好的方法。这就给我们一个启示,应该把足球技术的生成从生物学层面上升到运动行为的技术表达,这应该是研究足球的正确的观察方式,也是足球登场的重要学理依据。

我为什么提出足球现代性,这与"足球登场"也是密切相关的。足球运动作为现代社会文化发展的表征方式,是与现代体育的本体属性相关的。足球是工业文明的产物,工业文明最大的好处就是解放了劳动力,人的余暇时间增多,如何度过余暇,英国人发明了足球。大航海时代,足球经过西班牙、葡萄牙传到了南美,由法国传到了非洲,后遍及世界各地,足球成了世界各国都喜爱的运动方式,几乎所有足球运动开展出色的国家都具有"足球是我的"的观念。当"足球是我的"变成"足球是我们的"的时候,国家、民族、利益、价值观等概念也就消解了,唯独剩下的是足球,于是足球成了我称之为"人类的文化重叠共识",这就是现代体育的价值所在。体育成为消解国家民族利益、意识形态的最佳方式,是人类共同的文化财富,人类从体育运动走向人本大同。所以,中国人搞足球的意义重大,即中国"足球登场"是符合国际潮流的,足球也必将成为中国人的核心运动项目。

体育运动作为人的文化行为方式,参与了社会文化构建,其构建的方式有两种,一种是工具理性存在的意义,一种是作为本体存在的意义。我们从工具的意义上理解了体育运动在国际交往中的价值,我们同样可以从运动本体的游戏属性来理解体育。今天,中国人对体育运动理解上还存在认识论的分歧,我们依旧具有宏大叙事的奥运情结。然而足球运动作为商业文明的存在方式,作为具有观赏价值的看台文化,终于从工具手段性走向了本体目的性,回到了游戏作为主体存在的文化行为,人也就成了文化意义上的人,这是中国"足球登场"的伟大意义。

第二,足球如何成长。中国足球要只争朝夕,但绝不能违背运动规律的生存之道。足球与其他的运动项目一样,都有其技艺发展的过程。中国人重视足球,历代领导人都很关心,为什么足球搞不上去?就是没有回到足球运动项目生命体的成长史上来,只是重视了外在条件和环境因素的作用。我从人的语言习得性看到足球技术成长的契机,儿时的乡音是融入人骨子里的,方言是脱口而出的。足球亦是如此,儿童期的成长特别重要,具有早期优效性的时间窗口特征,一旦错过,足球技艺成长就难上加难。

足球的技术复杂性,需要生长的持续沉淀过程。我们总以为足球依赖于进攻,其实足球是控制的艺术。南美与欧洲球员技术特征的差异,最大区别在控制球的技艺上。踢怎样的球才是有效进攻,依赖于控制球的能力。足球具有复杂的、繁复分化的控球能力,就以假动作为例。假动作是训练的,是动作技术的一部分。单独训练假动作,为了假动作而假动作,形不成流畅性的进攻,既浪费了体量又易被识破。好的假动作一定不是表演性的,一定是攻防中的一部分。足球运动是具体时空中的对抗,唯有在具体的运动情境中把握,才是有效的,不能抽离出来学动作技术,需要在运动情境中把握足球运动的生命体特征。

第三次论坛,是在南京做的,我演讲的题目是"中国足球振兴三要素:项目生命体—联赛氛围—足球学术史",三要素是,第一,"足球技艺成长优质期"的充分利用,学前儿童足球体系的建设;第二,联赛制度的经纬结构,各个年龄段的有机联系为"经",促使"足球内生型技术成熟"的训练方法为"纬";第三,足球技术学术史就是"足球训练全周期"运动员的成长史,运动训练很难说是一种科学,而属于技艺性质的,为此,从身体认知的角度讲,足球学术实践一体化,构成了运动技艺学术史。

孙科博士的书稿围绕"中国校园足球"展开,2015年《中国足球改革发展总体方案》推出,那么2025—2030年之后,就有望实现中央的期许:成长出中国的"梅西",推动中国足球稳步迈入世界先进水平。需要越来越多的有识之士的研究,我们一起努力。是为序。

序　　三

足球是世界范围内竞争最充分的运动项目,欧洲所有国家都有职业联赛,英国的职业和业余足球联赛甚至达到22级,5～22岁业余联赛共17级,还有英超、甲乙丙丁5级职业联赛。

孙科有文学、秘书学的功底,具有超常的语言和文字修辞能力,擅长文学理论和文艺批评,这种研究专长和阐释能力,在他15年来的学习和工作历程中充分彰显,给人们留下了印象深刻。

而他在研究生求学阶段对排球运动投入的时间、精力、情感,使他得以从一个运动项目运行的微观环境和特殊逻辑出发,逐步完善自身对于运动项目演化的逻辑与规律的认知。

事实上校园足球的发展,或者说再认识,是一个关乎项目发展的共性逻辑与特殊规律的协同认识问题。校园是足球文化胎孕之地,是探索中国足球振兴的策略之根。

从这个意义上说,孙科的这部著作,谋求的是阐释中国足球发展的根本问题和关键问题。从书稿的内容看,颇有闪光点,涉及体制机制、国家民众、在场登场、心态功利等重要范畴,在我国校园足球的阐释学意义上具有突破意义,跳出了以往多数有关研究的论述疆域。

在探索运动项目演化的文化逻辑这一重大问题的过程中,我勾画出运动形式——人格模式——传习方式——竞赛程式——组织范式的逻辑理路。

从运动形式看,足球属于多人配合的项目,复杂度高,足球运动属于凸面对凸面的运动,离散性大。足球运动中假动作多,一手对多脚,偶然性强。总之,足球运动的系统性、精确性、掌控性非同一般。

从人格模式看，足球讲究合作的智慧、配合的技巧、团结的意识，也倡扬个人英雄主义，谋求集体利益至上，足球运动中的冲动与热情，冷静与乐观也非常普遍。这些特质，注定了足球人的特殊气质和非凡气概。

从传习方式看，足球教学训练中一对一很难，有时也没有必要。足球训练中的全方位分工、日常多对抗等方式也使足球经验传习显得较为复杂乃至诡秘。

从竞赛程式看，世界上所有的赛事可以大体分为业余—专业—职业—商业—混合五种，足球赛事目前水平最高的就是欧洲的职业足球联赛以及具有专业、职业、商业赛事混合特质的世界杯足球赛。

从组织范式看，欧洲众多国家稳定而成熟的学校、社区、职业俱乐部对接体系最为成功。英国22级联赛的组织体系令人惊叹，政府、足球管理机构、媒体、赞助商、职业联盟与俱乐部、公益组织等有机融合的机制令人印象深刻，这些都是足球组织范式的经典。

如果用这个逻辑理路来分析中国足球存在的问题，我相信能得出一些新的结论和认识视角，这些都需要更加细致的推敲和严谨的推理来支撑。孙科的这部著作中的一些观点和视角，包括他访谈的一些足球专家的认识，其实也与我提出的"五式理路"有众多的共通之处。

在中国各项事业取得长足进展的当下，中国足球问题的整体性、系统化、全方位落后，成为全社会和体育界不得不面对和反思的切肤之痛。

如果让我来归纳，中国足球存在的问题，与我国经济社会教育科技的国际地位不相称，与我国经济社会文化发展的巨大成就不匹配，与我国众多运动项目取得的优异成绩不同步，与我国足球运动长期发展的海量投入不合拍，与我国近邻足球竞技水平的快速提升不同频。

因此，我们必须依托对足球发展的普遍规律、国际经验的认识，切入中国社会的特殊情境和场域，拿起听诊器和手术刀，认识和判断问题、理解和阐释问题、处理和解决问题。

我初步的分析包含以下五个方面。

(1)复杂、离散、多元的足球项目特征与我们不科学训练的特点,导致我们的体能技能战能实践落伍,根本没有找到足球项目规律的盲目训练,不可能取得训练实效。

(2)心理、利益、功利的竞赛场域与我们往往未放松竞赛的呈现,使得我们的足球运动员经常在压力、动力、阻力交织的情况下投入竞赛。

(3)人情、关系、面子的中国社会特点与我们非最优选择的问题。我们的多级足球队员在进队、参赛资格等问题上不纯粹的选择,使得我们往往是选择一群不是最优秀的人去与别人万里挑一的高手较量,焉能不败?

(4)业余、专业、职业赛事的演进与我们的无专注组织的惯性,导致我国业余足球赛事松散,专业足球赛事封闭,职业足球赛事徘徊不前。一个要求梯次提升能级的足球赛事组织运营体系,在中国仍旧难觅踪影。

(5)教育、体育、政府的各自用心与缺规范制度的国情,使得协调与整合异常艰难。教育培养人的本源、体育追求身体极限或寻求身心发展的本心、政府倡导社会文明和大众健康的本意,目前显然纠缠在一起,尚未整合成一股力量,甚至还有些冲突。

以上是我用自己创设的"五式理路"对中国足球现存问题的粗略分析,借此作序的机会公之于众。不仅仅希望孙科继续深化他关于中国足球振兴的文化策略或者解密中国校园足球的研究,更寄望更多的学界同仁,继续关注中国足球,尤其是校园足球,并找到更多解决问题的钥匙和良方。

有人说,中国足球怎样,我们就怎样。

我极其不赞同这种静态而消极的世界观。

我要说,我们若想让中国足球不那么尴尬和悲苦,我们就应该做出改变这一现状的努力。

中国足球,从娃娃抓起,从校园做起,从文化雄起!

第一章　校园足球发展刍议

第一节　校园足球的认知与理解

校园足球是学校足球,学生足球。目前,从学术知网可供查阅的文献来看,1982 年 8 月 29 日,席伦贝克、刘祥惠在《学校体育》撰文《足球教学》,较早地提到了学校足球。最早讨论"学生足球"的文章是 1982 年 12 月周晓强、张庆贤在《上海体育学院学报》发表的《加强初中低年级足球训练的必要性——对上海市六所中学学生体育情况的调查》一文。1989 年 7 月,北京师范学院体育教研室的何永超,在《北京师范学院学报》(自然科学版)发表了《如何培养普通高校学生的足球意识》。1993 年 12 月,柳随风在《当代体育》发表了《从娃娃抓起,难! 难! 难!》,该篇文章提到的诸多问题,直到现在还有启发意义,其中提到了校园足球。1994 年 6 月,李明学在《南京体育学院学报》发表了《大学生在足球竞赛中的心态分析与管理措施的研究》,仅仅提道:"大学校园足球环境得天独厚、足球运动发展迅速。"2001 年 6 月 5 日,羊城根据首届飞利浦大学生足球比赛,撰写了《校园足球的过去,现在和未来》一文,该文提道:"大学生们爱踢球、爱看球、爱评球,不过,足球在他们的生活里,远远不是一个重要的部分。甚至,大学生要组织几场系与系、班与班之间的比赛,比机关、厂矿、公司和部队还要困难,更不用说校与校之间和学校与外界之间的技艺交流了。"①。

那么,2000 年以前,在学术研究的描述中,校园足球呈现出何种样貌呢？1981 年 5 月 31 日,黄作晖在《今日中国》(中文版)发表《今日中国足球运动》提道:"1979 年,国家体育运动委员会把北京、南京、沈阳、广东梅县、吉林延边朝鲜族自治州等十六个地方,确定为全国开展足球运动的重点地区,并拨给专款,赠送了数以万计的足球给各地的小学和中学,建立了更多的青年队和少年队,进行科学训练,建立竞赛制度。从去年起,国家体委开始举办了这些地区的小学萌芽杯赛和中学希望杯赛,这两个杯赛将成为我国未来球星的摇篮。现在这些地区出现了前所未有的足球热,参加足球运动的青少年达 50 万人"。1989 年 10 月,金德治在《体育教学与训练》撰写了《论培养学生足球裁判员的意义》,其中提道:"我院每年足球竞赛从春节到冬季基本不断,班级之间、级队之间、院级学生与教工之间等比赛约有 180 多场次。"②"城市里的少儿功课负担太重,升学率和追求高分依然束缚着老师和学生,玩的时间被学习占去了。他们不是不爱玩而是没法玩,于是只好望球兴叹。农村少儿并没有多少人知道足球——这并非天方夜谭。农村教师特别是民办教师工资难发,学生交不起学费,退学的愈来愈多,谈何发展校园足球。"③

从以上的学术文献描述中,我们可以看到截然不同的观点,这也可以理解,局部与整体的关系大致如此,但我们也会有一个基本判断:足球的开展状况并不是很好。傅砚农教授认为,20 世纪 60 年代,在县级中学有人踢足球,家人因太费鞋数落孩子不懂事。大概 1972 年,中学又恢复足球课,也有在县体育场训练、竞赛,当时主要是下放的大学生和知识青年的带动。"文革"中有一种现象,招兵、招工、招生都优先招体育特长生,尤其是篮球,与此同时,还优先招艺术特长生,所以"文革"时期,学体育、艺术的学生很多。足球一般都是城市的孩子踢,不如篮球,田径普及。20 世纪 80 年代以后,随着体育设施建设的加强,足球活动开展得好一些,现

① 羊城. 校园足球的过去,现在和未来[N]. 中国体育报,2000－10－21 (3).
② 金德治. 论培养学生足球裁判员的意义[J]. 体育教学与训练,1989,(5):33.
③ 柳随风. 今日中国足球运动从娃娃抓起,难！难！难！[J]. 当代体育,1993,(12):17.1

在,边远的小学也开设了足球课。

国家政策对足球发展的定位是至关重要的。从 20 世纪 80 年代的体育运动政策来看,中小学足球的主要定位一是发现人才,二是打好基础。从整个训练体系来看,校园足球属于业余训练体系的一个部分,国家希望中小学能够组建更多的球队,能够产生更多的优秀运动员,要培养少年儿童热爱足球运动,树立为国争光、勇攀高峰的雄心壮志。少年儿童的训练,要着眼于为国家培养赶超世界先进水平的优秀后备人才。应贯彻从小培养、系统训练、打好基础、积极提高的原则,贯彻德、智、体全面发展的方针。从国家的层面来看,国家也在尽力促进中小学足球的发展,这种良好的愿望一直没有变过。全国人大常委会副委员长、中国足协名誉主席廖承志同志在讲话总结时提出了"各级体委、团委和学联要从小学开始,把大力普及足球运动作为 1982 年的任务,掀起一个群众性足球运动的高潮。体委可以多搞些比赛,也可以想些办法从财力上给中、小学的足球活动以补助。"①

进入 20 世纪 90 年代,国家体委开始深化体育改革。1992 年 6 月,中国足协在北京红山口八一体工队驻地召开了全国足球工作会议,探讨足球体制改革,全面整顿足球界作风。根据会议精神,中国足协制定了《中国足球运动整体改革方案》。在 1993 年 5 月 24 日国家体委发布的《关于深化体育改革的意见》中,规定了足球、网球、围棋等有条件的项目可向职业化过渡,逐步与国际惯例接轨,俱乐部赛制以足球为试点。在训练体制改革中,足球被列为一般性投入项目。足球属于普及程度较高、竞赛活动活跃、经济效益较好的项目,要依托社会,打开外向渠道,逐步减少国家投入。1993 年 10 月 14—19 日,中国足协在大连棒槌岛举行工作会议,即"棒槌岛会议"。会议讨论、修改并原则通过了《中国足球十年发展规划草案》。方案规定:"群众足球进一步普及,足球人口有较大增加。足球重点城市力争在 1994 年底之前小学有 15%～30%、中学有 8%～15%的学校有足球代表队,到 2002 年,

---

① 国家体委政策研究室. 体育运动文件选编(1982—1986)[M]. 北京:人民体育出版社,1989:331.330. 328.

小学和中学有足球代表队的学校要分别达到33%～40%和20%～25%,校代表队每星期活动2～3次(含比赛)。"①

至此,兴起了大量的足球学校。"忽如一夜春风来,千树万树梨花开。足校这个新名词从职业联赛初期兴起的时候,打得人们有些措手不及,尤其是足球发达地区,更是骈肩累迹,鞭炮接踵轰响。随之而来,有些省市体委属下的体工大队开始办足校了,有的体育运动学校直接挂牌开足校了,更多的是有些著名退役的足球教练、球员也跃跃欲试,都玩起了足校这个炙手可热的新生事物。在我的印象中,辽宁高丰文,成都马明宇、广州的吴群立、沈阳的庄毅以及著名女足球员刘爱玲都办过足校,著名足球名宿张京天就到大连来指导过足球学校,其中广东、上海以及大连的许多知名退役球员都曾开过先河。不得不承认,这些开山鼻祖都曾为中国足球的复兴殚精竭虑,他们耗尽余热,洒尽钱财,就是为让中国有更多踢球的孩子完成他们未竟的事业,冲出亚洲走向世界。"②

2009年6月,国家体育总局和教育部启动了全国青少年校园足球活动,校园足球得到前所未有的高度关注。2000年10月21日,首届飞利浦中国大学生足球联赛在北京理工大学拉开序幕,这标志着中国大学生足球联赛创办。这项赛事,由中国大学生体育协会、中国足球协会主办,各省、自治区、直辖市教育厅(教委)、大学生(学生)体育协会、中国大学生体育协会足球分会协办。此后,校园足球活动日益受到重视。2010年12月,《中国青少年足球"十二五"发展草案》提出了校园足球的发展要求,即"注重当前、着眼长远,可持续发展",重点提高全国青少年校园足球活动的质量和水平。国家体育总局、教育部于2013年2月再次联合出台《关于加强全国青少年校园足球工作的意见》,明确规定参与足球活动的学生数要达到50%,在课堂教学和课外训练中,学生要熟练掌握基本的足球基本知识和技能,逐

① shouyin. 1993年《中国足球十年发展规划》完成情况考察报告[EB/OL]. http://sports. sina. com. cn/c/2003－06－04/1840453032. shtml

② 曲国胜. 中国"足球学校"内幕调查[EB/OL]. http://blog. sina. com. cn/s/blog_51c171030100mn9x. html.

渐让体育(足球)回归教育。经过对我国足球事业的改革和发展的顶层设计和系统谋划,国务院办公厅于 2015 年 3 月 8 日发布了《中国足球改革总体方案》,将我国足球的发展提升至国家战略,从国家层面将校园足球纳入国家足球战略。

第二节　校园足球发展的逻辑起点

目前校园足球的发展理路仍属于顶层设计。顶层设计的好处是有纲可循,有政策作为依据,方便学校开展校园足球。从文本的角度来看,有关足球的通知、意见等行政性的公文,文本自身的逻辑性是不存在问题的。文件传达需要层层执行,这个过程是需要落实的。也就是说,逻辑性本身没有问题,但实际操作的效果或者在现实环境中实现的可能性,才是决定校园足球是否效果好的关键。"'顶层设计'无疑属于从应然到实然的中间环节。'顶层设计'虽然最初由学界提出,但其本身只是一种基于实践层面可操作性考虑的方案,而绝非一种新鲜的思想理论。对一种方案的优劣评判,标准只能是其可行性以及在具备可行性前提下的代价大小,而非方案自身的逻辑与价值。这就好比要打开一把生锈的锁,需要考虑的是选择什么样的工具才能开锁,而非所选工具自身的构造是否合理。"[1]由此来看,社会的主流价值取向也很重要,实际操作的利益相关体的考量更是重中之重。

从校园足球的发展来看,我们至少要弄清楚校园足球发展的逻辑动因是什么。我们知道,一种事物的出现绝对不是凭空冒出来的,要有一个渐入的过程,"罗马不是一天建成的"就是这个道理,是需要积累的。校园足球应该存在一个持续的过程。足球虽然在中华人民共和国成立之初就被列入体育教学大纲,可是足球的普及程度并不高,深受喜爱不代表技能普及,也不代表运动文化可以良性传承。1960年以后出生的很多人,小的时候都没有见过足球,直到上了大学亲眼看到踢足球,

---

① 徐政龙. 顶层设计——改革的逻辑[EB/OL]. http://www. chinavalue. net / BookInfo / Comment. aspx CommentID=56618

这样一个现实状况的揭示表明,足球是市民运动,是一个巨大的集会活动。我们假设校园足球有一种惯性存在,那这个惯性存在应该是 20 世纪 90 年代才真正开始的。伴随着中国足球职业化改革的春风,校园足球、足球学校如雨后春笋般成长起来。但是市场化极浓的足球氛围让足球学校成了一种敛财的工具,虽然培养出了一批运动员,但人们更多的是利用足球开始疯狂挣钱,这样的足球学校,不仅带有很多功利性的色彩,而且给足球穿上了贵族化的外衣,让人高不可攀,何谈草根足球的兴旺发达。

表 1-1　2009—2016 年有关校园足球的政策文件

时间	文件	单位	目标
2009.4	关于加强全国青少年校园足球工作的通知	国家体育总局 教育部	校园足球四级联赛组织;足球后备人才培养体系
2010.12	青少年足球"十二五"发展草案（征求意见稿）	中国足球协会	共同构建可持续发展的青少年足球人才培养体系推动青少年足球运动整体水平的提高
2013.6	关于加强全国青少年校园足球工作的意见	国家体育总局　教育部	切实提高全国青少年校园足球活动的质量和水平,促进青少年学生健康成长重点办好一批开展足球项目的体校和足球学校。完善校园足球四级联赛体系,加强学校足球文化建设;扶持学校女子足球发展
2015.3	中国足球改革发展总体方案	国务院办公厅	推进校园足球普及(中小学把足球列入体育课教学内容,增加全国中小学校园足球特色学校)促进青少年足球人才规模化成长

续表

时间	文件	单位	目标
2015.7	教育部等 6 部门关于加快发展青少年校园足球的实施意见	教育部 国家发展改革委 财政部 新闻出版广电总局 体育总局 共青团中央	基本建成中国特色青少年校园足球发展体系;普及程度大幅提升;教学改革更加深入;竞赛体系更加完善
2016.4	关于印发中国足球中长期发展规划（2016 — 2050 年)的通知	国家发展改革委	全国特色足球学校达到 2 万所,中小学生经常参加足球运动人数超过 3000 万人;校园足球普及行动深化足球教学改革;加大校园足球运动场地建设力度;开展以强身健体和快乐参与为导向的校园足球比赛。

　　进入 21 世纪,校园足球沉寂了几年又突然火了起来。2009 年,教育部、国家体育总局开始借助亿万学生阳光体育运动大力发展足球,认为足球能够丰富校园体育内容,开始着力打造学校依托、体教结合的青少年人才培养体系,明确提出普及足球知识和技能,培养全面发展、特长突出的青少年足球后备人才。是什么样的动力或者原因,让校园足球突然变得重要起来?

　　时任教育部副部长陈小娅在全国青少年校园足球活动正式启动仪式上是这样说的:"足球运动虽然深受青少年学生喜爱,在学校也有广泛的影响和基础,但是长期以来,由于受到学校体育场地、教师队伍以及经费保障等多种因素的制约,目前,足球运动在学校的普及程度还远不如其他许多体育项目,如篮球、排球、乒乓球等。以学校为基础的足球人才培养体系还没有建立和完善起来,校园足球运动技术水平更需要进一步提高。"

　　从《关于开展全国青少年校园足球活动的通知》和陈部长的讲话来看,足球人才培养体系才是校园足球发展的主要任务,这也是发展校园足球的逻辑起点。由此来看,把足球人才的发现、培养的思路放到了校园,将校园视为足球人才产生的摇篮,当然,这本身也是体育回归教育的体现。我们也是需要思考,足球回到了教育的目的是什么? 是培养健全人格的人,还是培养技能高超的运动员,更好地为竞技体育服务,还是为职业体育的发展输送人才? 目的牵扯到任务的分解,这非常重要。

第二章　校园足球改革发展的障碍

第一节　心态·体制·形式

面对以习近平同志为核心的党中央把振兴足球作为发展体育运动、建设体育强国的重要任务提上日程的新要求,如何在新形势下在校园足球工作中落实、贯彻党的十九大精神,选择有效的路径发展校园足球,提升校园足球的整体发展水平,扎扎实实做好校园足球工作,让校园足球的发展走在一条正确的道路上,就显得尤为迫切和至关重要。因此,我们要深入挖掘、阐释校园足球改革发展过程中出现的难题,就"重压之下的心态失衡""条块分割的窘境""形式主义的批判""校园足球未来如何发展"等障碍性问题,展开深入的讨论与分析。这些讨论不仅可以帮助我们更好地认清中国足球的发展道路,还可以认知到校园足球的独特价值和功能,从而有助于学校营造良好的足球文化氛围、培育健康向上的足球文化。

从目前来看,校园足球的发展日益受到社会各界的关注,成为学校体育工作开展的重中之重。全国青少年校园足球工作领导小组组长、教育部党组书记、部长陈宝生强调:"发展校园足球是习近平总书记的嘱托,总书记非常重视我国足球事业的发展,这也是广大球迷的期盼。"2017年12月27日,陈宝生部长在全国青少年校园足球工作领导小组第三次会议暨领导小组与校园足球改革试验区签署备忘录仪式上发表讲话时指出:"要以党的十九大精神和习近平新时代中国特色社会主思想为指引,扎实推进校园足球长期持续健康发展,为中国足球强起来奠定坚实基础。"新形势下,如何促进校园足球可持续发展,解决校园足球改革发展进程中的难题,成为学界讨论的热点话题。本章以对话的方式,邀请中国教育科学研究院体卫艺研究所所长吴键、北京社会科学院研究员金汕、《体坛周报》副总编辑马德兴、中国教育科学研究院副教授李永明、苏州大学体育学院青年学者邱林博士,一起会诊中国校园足球改革出现的障碍,并探索其突破策略。

1. 一夜飞渡镜湖月

孙科:在全国青少年校园足球工作领导小组第三次会议上,陈宝生部长认为校园足球工作取得了可喜的进步。他认为"有人想事了""有人办事了""有钱办事了",并讲了 2018 年校园足球工作开展的要求或者方向,大致有五点:完善施工图、啃下硬骨头(编制、资金、场地、竞赛体系)、巩固主阵地(特色学校建设和教学、培训、竞赛三大体系建设)、奏响交响乐(多部门协作)、建好加油站(政策支撑与激励)。

吴键:自 2013 年《关于加强全国青少年校园足球工作的意见》、2015 年《中国足球改革发展总体方案的通知》发布以后,教育部投入了巨大的人力、物力、财力来做这项工作。尽管文件发的有一定滞后性,但我们可以欣慰地说,从 2014 年、2015 年、2016 年三年的情况来看,教育部在推进校园足球工作当中,做出了很大的成绩。这项工作基本上从三个层面来推进:第一是国家层面的推进,要顶层设计做规划,应该是五年一个规划;第二是省、市、区域层面的推进,进行综合改革试点,包括内蒙古自治区,青岛市、延边等一批城市;第三是学校层面的推进,要建设 2 万所校园足球特色学校。三个层面的推进工作都非常好,现在综合改革实验区已经有 36 个,校园足球试点县 102 个,2 万所特色学校的审核认定基本完成。

从 2014 年开始,教育部投入了很大的财力做校园足球师资培训,具体由中国教科院负责。目前为止,我们培训了全国青少年校园足球特色学校校长共计12000 名,骨干教师的培训有 15000 多名,教研人员、退役运动员的培训约 5000

名,青少年校园足球试点区的行政管理干部大概 3000 名,培训力度是非常大的。这些受训的校长、体育老师回去以后,带动了全国校园足球的发展。教育部审核校园足球实行三个一票否决:学校有没有开足球课;学校有无组织校内的班级比赛;学生体质健康水平有没有提高。这样的要求就是旨在引导全国青少年校园足球面向全体学生,让全国 2 万所特色学校里面的孩子感受到足球的快乐,能够享受到足球的文化熏陶。

特别注意的是,这三年的推进没有对运动成绩提出具体要求。这与夯实足球人才基础的想法有关,更重要的是普及足球人口。足球人口和注册球员是相对的概念。足球人口是指青少年在学校期间每周从事两次或者两次以上足球活动,而且每次活动时间不少于 30 分钟。注册球员是指球员在某个足球协会、俱乐部或者业余的机构里面注册。现在校园足球做的主要工作就是普及足球、增加足球人口,这是理解校园足球发展政策的要义。从调研来看,至少在 2 万所特色学校内部,校园足球的推进工作还是扎扎实实的。

习近平总书记多次强调"久久为功"。现在,全国校园足球的推进工作有点着急。我也听到一种说法,校园足球工作是否有起色,要靠比赛成绩来说话。巴西 U19 联赛的冠军巴西圣保罗队以 30 比 0 战胜包头四中,又以 29 比 0 战胜了鄂尔多斯蒙古族中学代表队。大家一看,都说中国校园足球太差了,干了三年没有什么成绩。我个人认为这个话没有一个科学的态度。我们是普通的校园足球队,他们是有深厚基础的职业后备队,没有可比性。我设计过一个校园足球的"十步走"计划,从理念的推进、普及,到校园足球的发展等基础工作,再到理念、顶层设计、政策落地,都需要一个过程。这个过程需要示范引领,需要制度突破,需要科学理念的引入。再就是职业足球的发展,运动员的涵养,涉及运动员将来的职业规划。而我们目前刚走第一步,就遇到了很多障碍,就是访谈前马德兴老师所提到的:教育部门和体育部门不融合,教育部门、职业俱乐部部门和体育部门不融合。比如说运动员的升学、就业问题,特别是其小学、初中、高中、大学的升学通路还没有打通。

孙科:总结来看,校园足球发展的障碍首先就是心态的问题。从中国的竞技体育发展历程来看,从中国职业足球改革的发展历程来看,足球职业化的改革对竞技足球、校园足球的发展影响是深远的。20世纪90年代,在职业化改革的影响下,在市场化办学思潮的鼓动下,足球学校、校园足球的发展一度乱象丛生,危害了校园足球的发展。这些都是急功近利导致的恶果。现在校园足球的发展,大家都很关心,因为涉及孩子的发展问题。大家是如何看待这个问题的。

吴键:首先要界定概念,什么是校园足球,什么是青少年足球。校园足球的主要任务是普及,要培养孩子的球类思维,德国就是如此,让孩子与足球一起成长。我们普及校园足球,一是为了增强孩子体质,提高足球人口;二是发现足球人才,发现学生的足球天赋。这些有足球天赋的孩子,就应该送到专门青训基地。实际上,高水平的师资、教练大部分集中在体育部门,针对的人群就是有足球天赋的青少年,这个是校园足球做不到的。所以,校园足球发展的另一任务就是发现精英,然后送到青训基地。我们国家在这方面发展得不好,体育部门的精力不足,主要是俱乐部做得多。

邱林:校园足球的发展如果只是拘泥于学校内部,那么从长远发展看会存在一些问题。目前,我们对校园足球的概念界定还没有很清晰的认识。"校园足球"是在2009年出现的新名词,之前称为"学校足球"。它是在我国学生体质持续下滑、青少年足球人口严重萎缩的背景下,为扩大青少年足球后备人才基数,由中国足协提出的。自其产生之后,学界对"校园足球"内涵的争论从未终止。目前主要有两种不同观点:第一种观点认为,校园足球是以学校为依托,在广大学生中全面开展的以增进学生身心健康、培养德智体全面发展的青少年足球后备人才为目标的足球相关活动的总称。其根本目标是培养青少年足球后备人才,最终目的是提高中国足球运动水平。第二种观点认为校园足球是提高广大青少年体质健康水平,培养青少年拼搏进取、团结协作的体育精神,普及、提高足球知识与技能,在普通学校开展的全国性青少年足球活动。其根本目标是增强体质,最终目的是立德育人。

两种观点都是研究者根据不同时期政策文件精神推断形成的,都围绕着校园足球的本源定位论述,争论校园足球竞技性与教育性的地位与作用,探讨校园足球根本目标与最终目的所在。但两种观点都混沌于"一元论"之中,没有随时代变化而赋予新的理解,掩蔽了校园足球真正的时代内涵。2015年1月,由教育部门主导开展,校园足球回归教育本位,作为学校教育与学校体育的重要内容,其本质属性以教育为首要任务,这点毋庸置疑。而校园足球作为体育项目的一种,必然具有一定的竞技属性,任何国家的校园足球都是其青训体系的重要组成部分,承载着培养足球后备人才,推动足球事业发展的任务。这一点在《2017年全国校园足球工作计划》中也有所体现。实际操作中,校园足球发展出现了"功利主义"和"锦标主义"现象,"异化"了校园足球发展的目标,但我们绝不能否认校园足球培养足球后备人才的功能,人为割裂"普及"与"提高"相辅相成的关系。所以,我认为校园足球是以学生为主体,以学校为依托,在校内外进行的一切与足球相关的活动的总称,既有普及性又有竞技性。因此,校园足球的场域,既在校内,也在校外。可能在不久的将来,校园足球的发展将呈现出校外比校内重要,课外比课内重要的发展态势。

马德兴:发展校园足球是应该的,这毫无疑问,这就是我的回应。2018年10月份,中国足协在武汉开设了足球训练营,一共有131名孩子参加。从基本功和球感来看,相比以前同年龄段的孩子,基本功好了很多。在2018年3月份,我与其他教练员一起看了2001年龄段的孩子训练。我问了好几个老教练,他们说没希望了。看到了2005年龄段(孩子训练)以后,感觉好多了。2001年龄段(孩子)参加的是2024年奥运会,2005年龄段(孩子)参加的是2028年奥运会,这就涉及中国足球可持续发展的问题。校园足球提出以后至现在,再去看这段历程,就以2005年龄段的孩子为例,足球发展的环境已经发生根本性的变化,从四岁、五岁,或者六七岁的时候,已经有踢球的氛围了。我先不说是教育部门还是体育部门,也不说校园足球发展的关键在不在校园,从这个角度来讲,校园足球的发展就是有必要的。

李永明:前面谈的问题其实隐含了足球怎么发展的问题,也隐喻了当前校园足球发展的问题。教育部门搞校园足球的优势的确不如体育部门。从专业角度来看,无论从文件的制定,还是从人员的安排,都必须了解体育、了解足球,要有一定的运动经历,至少是运动体验,不论是工作上的还是生活上的。如果不具备以上的特质,就会出现很大的偏差。足球不管怎么发展,都不要急功近利,否则系统与系统之间,部门与部门之间,都会产生各种矛盾和问题。

2. 君向潇湘我向秦

马德兴:我接着李永明老师的话说。坚持推进校园足球的发展是没有任何问题的。问题在于怎么搞好校园足球?最大的问题就是校园足球究竟是什么足球,其概念一直在混淆。走到哪里,世界上只有一个足球,并不是按照地域、年龄就可以分出好多足球。德国也好,韩国也好,日本也罢,所有的地方就一个足球,最高管理部门就是足协。

孙科:如果简单,怎么简单化发展?

马德兴:如果简单化的,要在统一管理上面归口。搞竞技足球是离不开基础的普及的。任何一个国家足协的任务,第一是搞强化、搞竞技;第二个就是普及。以日本足协为例,现在日本足协的注册人数,总共才90多万。2005年,日本足协提出了"2005宣言",旨在"通过足球创造体育文化,创造一个健康的社会。通过普及足球,把体育融入人们的生活当中,为大家创造一个好的生活环境"。国内体育报道的主线一直是竞技体育,宣传报道只谈日本豪言2050年夺世界杯,对2050年之前日本足球人口增加到1000万提得就少。给人的感觉,日本好像只是搞竞技足球,其实人家也是搞普及的。我们现在整个的问题是什么呢?体制出现了条块分割。《中国足球改革发展总体方案》公布后,把足球分成了校园足球、竞技足球,这样又把足球给分割了,导致了体育部门和教育部门相互之间的矛盾越来越突出。

邱林:我认为关键是找到体育与教育系统之间真正契合点和目标方向,解决两者之间的利益矛盾,也就是发展目标和工作重心的差异。

孙科:怎么突破这个体制障碍呢?

邱林:对于"跨边界"管理的校园足球而言,最大困境并非资源不足、权责不分等,而在于如何形成部门之间高效联动机制与横向联合管理格局。部际联席会议制度或许是一种突破体制障碍的有效方式。

李永明:校园足球是 2009 年启动的,当时归口在体育局,目前,校园足球的归口在教育部,由教育部牵头搞。如果校园足球的发展再出现问题,下一步怎么走就值得考虑和探讨了。

吴键:现在才 3 年,我们还有一点时间。

马德兴:前面 5 年说不行,很重要一点,足协进不了校园。

吴键:我的感受也是这样。我们做校园足球校长的培训,凡是经过我们培训的,具备了校园足球的教育理念,就推进得很好。现在反而是两个群体有阻力,一个是家长群体,还有一个是班主任群体。班主任、家长都有面临教学成绩好坏的压力。孩子受班主任的影响最大。

马德兴:现在教育部门,我个人感觉教育部门需要减负。

金汕:您指哪方面的减负?

马德兴:学习文化课的负担太重。如果不减负,校园足球持续健康发展的可能性不大。

金汕:的确,如果教育这两大问题不解决,中国校园足球的发展肯定是要扭曲的。回顾历史,1957 年之前是一个社会健康蓬勃往上发展的阶段。那个时候的体育,其实就是简单几句话:一句是身体好、学习好、工作好;一句是发展体育运动,增强人民体质。前面三个"好"是针对学校体育的,后面的增强体质是针对全社会的。仅有的这几句话,却产生了很好的发展效应。中国足协是 1955 年建立的,并不是体委成立就有。那个时候也没有人说重视足协,都是以体委的名义搞比赛,学校非常重视,非常支持。

1959 年 9 月 13 日在北京召开的第一届全运会,北京足球参赛队员多是学生选手。如陈成达是上海圣约翰大学建筑工程系的,苏永舜是中山大学物理系的,年维泗是北京育英中学(现北京二十五中)的,也是重点中学。那时候,教育来说和足球非常接轨,学校就应该踢球,如果球踢得好就抽调上来,整个足球体系更接近现在的欧美。

邱林：我赞成金老师的观点。从目前看,教育部门掌握着学校内部足球发展事务的资源和决策权,体育部门则拥有除学校体育以外的全部体育事务的管理权,并控制着大部分足球专业资质教练、裁判、场地等优质资源。但是,两部委之间在校园足球发展中并未形成真正的通力合作,教育、体育资源共享缺乏有效工作机制,且部门职能定位的越位、错位和失位状况依然存在。体育部门依托自身优势,专注于足球后备人才和竞技水平提高,但无法解决广泛普及和升学考试问题,就造成成材率不高、出路受到限制、规模难以继续扩大,甚至难以维持。教育部门注重于人数普及和全面发展,但难以打破足球课程教学"蜻蜓点水"的低水平现象,造成普及人数大大提升而质量难以提高。

3. 愿把欢心凝乐舞

孙科：校园足球的发展遇到了很多的问题,其中最受关注的就是"足球操",类似的还有篮球操。针对这些操类的形式,有的专家认为可以将音乐、体操甚至是舞蹈与运动项目结合起来,增加趣味性;有的专家认为这些形式上的东西,违背了足球运动项目发展的本质规律,对足球运动发展有害无益。"抓而不实等于不抓,形式主义害死人",不知道大家是怎么看待校园足球发展中的形式主义问题的。

吴键：不能笼统来说一个运动的发展是形式主义,前提分析出现的问题是不是形式主义,有哪些是形式主义的,有哪些不是形式主义的。现在有一个说法是小孩子做足球操是形式主义,我认为不是。我们要培养孩子的球类思维,给孩子一个球,排球也好、足球也好、网球也好,都是建构一个思维,促进大脑发展,建构一个时空概念。这个时候,孩子玩任何球都是有益的。从足球技术的本身来讲,守门员技术的实现也是通过手来建立人与球的关系。

其实从思维科学的角度来看,足球开发的是创造力。德国孩子为什么玩球,就是要促进他的脑力。我们不需要苛责他用什么球来玩。校园足球面向孩子,首先是提高孩子的思维能力,提高孩子的体质,提高孩子的神经系统对身体机能的支配。从训练的科学性来谈,专业技术和专项素质的能力培训,最优的年龄阶段是在

12 岁左右。

李永明：最早说校园足球发展过程中存在形式主义，就是从足球操说的，说足球操是形式主义。为什么说足球操是形式主义？学校体育要求学校要有大课间活动，保证 1 个小时的运动量，这是好事。这大课间活动做什么呢？要有一定的内容来填充，不能仅仅跳广播体操，看国家重视足球，就产生了足球操。足球操是谁编排的呢？一般都是舞蹈、健美操老师编排的，这些老师不懂足球，但足球操可以编排得很漂亮，加入了很多足球动作，每天跳来跳去，学生的足球技术真的能提高吗？我看未必。从这个角度来说，编排足球操的出发点就是应付检查，或者是追热点、搞迎合，这样就可以贴形式主义的标签。从实际调研来看，足球操需要孩子拿球，球是不能离开身体的，离开身体就控制不了，这个与足球比赛实战相差甚远。

邱林：任何事物的发展都必须遵循其本质规律。足球运动就是足球运动，它是一种对抗类的运动项目，所有的教学训练都是围绕着解决比赛中的问题而展开的，绝不是拿个球在手上跳跳操这么简单。2016 年我被教育部选派至法国学习校园足球，曾与法国专家探讨过足球操的问题，他们在 1769－1848 年期间，也曾在校内开展过足球操活动，但只是将其作为体操活动的一种形式，由于对足球运动带来了不利影响，继而终止。近期以来，我国许多地区的足球操都改为用脚来进行的活动，虽有进步，但对校园足球发展容易产生异化导向，是一种弊大于利的活动形式，所以，"抓而不实不如不抓"。

金汕：过去足球的发展是投入不够，造成足球资源的贫困。现在都重视足球了，国家领导人更是关注，拨款投入多了，所以，大家都有压力了。有压力，就得各种方式来展现其对足球的重视。足球操也算是一种方式吧。如果把足球操更多划为体操，足球是一个器具，最后落实到操上，不是足球上，那就只是一种健身运动了。

孙科：我跟前中国足协副主席薛立交流过。她认为足球操是很受欢迎的，关键是怎么编排，如果是传接配合的足球技术编排，这是可以接受的。

马德兴：中国地方太大了，情况千差万别，不能一概而论。地方上的确有一些形式主义。很多地方为了应付检查,足球器材排放都很整齐,很新,一看就没怎么使用,就是为了应付检查的。检查以后,器材室的门就一锁,这就是形式主义。大的城市,信息量大,信息传播也快,很多学校是不敢担这种风险的。

吴键:校园安全是很重要的,学校里安装了很多摄像头,联网以后,各个课程也都在监控之内,老师课上教什么,状态怎么样,都一目了然,这是治理课堂教学走形式主义很重要的一种监督方式。但是,很多老师是反对的,因为涉及隐私。不过,现在家长都很支持孩子报足球培训班,市场上对足球教育的需求增多,这个需求反向说明校园足球的影响力大了,而不是大家说的搞搞形式来应付检查。

李永明:校园足球的发展不缺金钱投入,缺乏理论的引导,缺乏体育资源的支撑。以校园足球培训为例,体育部门应该搭建一个平台,一个与一线训练接触的平台,培训不能仅仅靠讲座,一定要接地气。从培训的效果来看,集中培训的效果也未必好。我建议还是组建培训团队,走下去培训,可以深入县、城镇甚至是乡村。所以,谈形式主义,还要杜绝培训中的形式主义,看似搞了很多培训,效果未必很好。

吴键:从培训角度来看,现在各大体育学院主要的任务是培养师资和高水平教练,满足中小学特色教学的需求。我们调研了中小学的校长、教研员、体育教师,最大的感受还是体育老师的足球执教水平有问题,这是最重要的。在影响校园足球发展的诸多问题中,足球场地不是第一位的影响因素,仅仅排名第五,师资才是第一位的,涉及教学水平和带队水平。

邱林:教育部体卫艺司司长王登峰也曾多次表示:"校园足球发展要由追求数量转向提高质量。"怎么提高质量?就要看教学、训练、竞赛三大体系的完善。这三大体系的核心则是教练员,或者说是足球教师。高质量的教学、训练和竞赛都需要依托高质量的教练员(足球教师)团队。2009年之前,学校足球面临的主要问题是"踢球的孩子太少",2009年至今,校园足球面临的主要问题是"会踢球的教练员太少"。要解决这一问题,需要统一规划中国青少年足球教练员培训体系,推进教育系统中足球师资培训与中国足协教练员培训体系的有效衔接与融合,充分利用足球协会优质足球讲师资源,提高教练员培训的专业化水平。

金汕:当今青少年足球与校园足球最大的困惑是师资,在这方面日本的经验值得借鉴。日本足协不断向各级教练员灌输他们的强化指导方针,提出新的教练认证制度,2009年,在日本足协注册的足球教练总人数高达61291人。2012年在日本足协注册的,由日本足协发执照的教练就达到了70000多人。为了给日本的青少年球员创造良好的足球环境,日本足协非常重视J联赛对青少年运动员的影响。当J联赛中优秀的国外选手退役后,日本足协会给予他们最优厚的待遇,让他们能够留在日本指导青少年训练,使青少年选手更好的模仿和学习技术。教练员的培养与普及,一直就是日本足协主抓的方向。在2010年日本足协的预算中,关于教练普及事业这一项的支出就达到33亿日元,仅次于日本国家队相关事业支出的预算。

李永明:目前我国足球运动师资的现状是专业技术水平高的没有理论,理论水平高的没有专业技术水平。现在推专项培训,有的地方真的缺老师,这帮球员技术很好,但是要解决教师资格证的问题,这些球员又考不下来。我想,师资培训应该从高校就抓,课程设置和培训主体要重新设置。每年国外引进的优秀教练员,应该放到大学去,让外国教练培训高校教师,然后再扩展培训。现在说缺师资,换个角度来看,师资也可以说不缺了。为什么这么说?我们没有必要非得用专业水准的运动员或者毕业生去当小学老师。现在最缺的是球探,我们可以把我们的老师培养成有球探思维的人,把有天赋的孩子能够挑选出来,送到专业的后备队去培养。足球发展需要全员育人,不能仅仅是足球教师,校长、班主任、各个科的教师都应该喜欢足球,至少对足球感兴趣,这样足球文化才能培育起来,才能杜绝形式主义,发自内心的来发展足球。当然,全员都有这个球探思维就更好了。试想一下,如果语文老师是个足球迷,他就会在课堂上通过各种方式潜移默化地影响学生。"足球的发展在球外"就是这个道理,所以,我认为现在有关政策要求其他学科老师不能兼任足球教师,是值得商榷的。

孙科:您谈的是教育部印发的《学校体育美育兼职教师管理办法》(教体艺

〔2017〕7号）。这个文件制定的初衷是技能化思维发展体育,很多兼课老师体育技术不专业,影响了孩子的运动生命历程,失去了生长性。一定程度上来说,我是认同这个文件政策精神的,动作教学的不规范有可能会让孩子失去专业发展的机会。文件规定:"体育兼职教师的选聘对象应是其他学校专业体育教师,校外教育机构、体育运动团体与体育系统的有关体育工作者;具有较高的体育艺术专业技能水平,一般应具有中级以上专业技术职称,或在相关体育、艺术领域中具有一定影响力的人士。"

文件规定得很清楚,关键词就是"体育系统内"。不过,具体来说,体育教师从事的运动项目不同,一人兼几门体育课,也会出现很多问题。让专业的人干专业的事情,这是没有任何问题的。问题在于,不能一棍子打死,搞一刀切,搞一个大门槛,这样就把一项事业的发展禁锢住了,迟早会失去活力。难道体育教师形式上都是体育专业的,就能教好足球?就跟足球教师难道一定能教好足球的道理是相通的。在我看来,不管是什么学科的,懂教育的、专业的、职业的且具备长期从事某一项运动的实践经历,最好是具有某项运动的级别资质,这些才是最重要的。例如,一些高水平运动员以及退役的运动员,本身从事的不是体育教育工作或者不在体育系统,也不是那么有影响力和知名,长期的训练经历也能够支撑其运动技术的传授。

李永明:这个文件的出台是有背景的,是为了确保体育教师的数量。现在足球老师是结构性的缺编。结构性缺编是什么?总的编数不缺,但是足球老师缺,就是其他学科老师编制占了足球这一科老师的编制。

金汕:大家谈到的是师资准入问题,中国有60000万合格的教练支撑校园足球的发展吗?没有。一定程度上我是同意孙老师所说的,你不能让一个乐盲教音乐,也不能让一个球盲教足球,更不能让一个不懂足球的体育教师教足球。即使找一个体育出身的不懂足球的,也是没有用的。年维泗亲口告诉我,他去匈牙利学习足球,先跟宾馆服务员踢球1:0赢了,练半年后再跟田径队踢。我们的球员一看,自己的确技术太差了,真得好好训练,不练对不起国家,一千个农民供一个人出国,费用太高了。后来,这帮球员偷偷练,结果遭到了国外教练员的批评,说我们球员越练越不规范,形成了很多坏毛病,越练越麻烦。所以,我们的确不能让不会踢球的来教足球。

邱林:我认同孙老师和金老师的观点。学生年龄阶段是足球技能形成的黄金期,错误动作技能形成将难以改变。通常情况下,不会踢球的足球教练员带队教学、训练、比赛,怎么可能传授给孩子正确的技术动作? 自身就无法进行正确技术动作示范,何谈传授? 2016 年走访某省校园足球师资培训班发现:培训时间短,多数学员是学校从事足球以外的体育教师,没有足球基础。这种对没有足球基础的体育教师进行的短期培训班,无法从根本上解决校园足球师资短缺的问题。青少年足球发展需要"教练为先",如果缺乏会踢球的足球老师,学生足球运动员的水平就不会迅速提高,严重影响校园足球的健康发展。

李永明:我也同意孙老师的"不能一刀切"。不过,校园足球的开展主要在校园,是针对学校的学生开展的,是启蒙阶段,不要求教师有专业球员的技术水平,可以先培养兴趣,再强化技能训练。我也同意专业的人干专业的事,正如什么样的教练有什么样的学生,教练水平越高,对学生的技能发展越有好处。

马德兴:从技术传授上来看,一张白纸反而没有事。从管理来看,其实并没有具体问题具体分析。因此要因人而异。

4. 问渠哪得清如许

马德兴:校园足球怎么发展,关键在于顶层设计。顶层设计需要对整个中国基层的情况要很了解,不能不了解就制定政策,否则会出现偏差。社会的普遍心态是调侃、讥讽足球。我们不要因为国家队的竞技成绩不好,就说中国足球的形象不好。我还是强调一点,怎么成绩不好了? 是什么原因造成不好的? 回到校园足球本身,我们要搞清楚为什么要发展校园足球,需要把这个问题先弄清楚。

金汕:20 世纪 90 年代,秦皇岛的中国足校建立之后,其他足球学校就如雨后春笋般冒出来了。很多足球学校开办的目的就是挣钱。有一句话很经典,"只要有钱,坐着轮椅来的也收",甭管什么豆芽菜、小胖墩,完全从盈利角度出发,这绝不是搞校园足球、足球学校的初衷。

孙科:说白了足球的发展就是市场化、职业化、产业化,但这不是发展校园足球的初衷。

马德兴:谈到这里,我想中国校园足球的改变与教育产业化有关系。

金汕:中华人民共和国成立以后,中国开始学习苏联设立体校。目前为止,最适合中国体育的就是业余体校、三级训练的体系。后来为什么中国足球发展得不理想,主要是不用体校体系。到了最后,最能够把体校和青训体系结合起来的机构也没有了。德国很多专家谈德国足球与英超的最大的区别,就是青训系统的不同。巴西和阿根廷的足球非常普及,为什么这些年不行了,因为靠街头足球的方式成为足球强国的历史一去不返了。所以,普及是普及,真正拿成绩还要靠青训。

邱林:接着金老师的话谈一下青训与校园足球的关系问题。从"大青训"的角度来看,校园足球应该属于足球青训的塔基,也是最为重要的环节,这也是中国足球青训的发展方向。我们不能一谈青训就是竞技,就是提高,一谈校园足球就是兴趣,就是普及。目前,我国足球青训体系存在的主要问题有:纵向上普及与提高两大层级呈割裂发展态势,具体表现为:体育与教育部门之间存在一定的利益藩篱,难以形成通力合作;校园足球与 U 系列竞技足球的发展理念不统一,没有衔接点;校园足球后备人才怎么选拔、培养和输送,缺乏一条明晰的人才培养与输送路径等。横向上青训主体相对混乱,各主体之间相对孤立。我们需要解决的核心问题就是:要把握好青少年足球普及与提高的协同发展问题;处理好政府、学校、俱乐部、协会等多元主体的合作关系,在逻辑上解决"普及"与"提高"的矛盾。近日,中国足协公布了 30 个新部门的设置,特别增设了男子青训部和女子青训部,教育部在 2017 年全国校园足球工作计划中提出研制校园足球"满天星"精英训练营建设方案,加之去年开展的校园足球高水平队伍参加的"青超联赛"扩军等。种种迹象表明,校园足球将在中国足球青训中发挥重要作用。

马德兴:有相当长一段时间,大家一直批判业余体校,批三级训练体系。我个人感觉业余体校支撑了中国竞技体育的发展。业余体校属于体育部门，不属于教育部门，也就是说，它是游离于教育体系之外的，这样就会导致教育的资源没有向业余体校倾斜。职业化兴起以后，出现了很多足球学校，也包括现在的恒大足校。这些足球学校的问题很明显，就是得不到教育资源的倾斜。新的情况是，很多专业队都以整队的形式进入各个地区的优质学校、重点大学，这是很不错的做法。发展校园足球，应该把中国的三级业余体校制度重新恢复起来，核心问题就是教育部门敞开胸怀，接纳这些运动员。

举个例子：1991 年 9 月 1 日，乌兹别克斯坦独立，业余体校制度取消。1994 年广岛亚运会，乌兹别克斯坦夺得冠军，靠的是苏联业余体校培养出来的那批足球运动员。2006 年，乌兹别克斯坦开始改革，总统授权乌兹别克足协"指挥"人民教育部、高等及中等职业教育部、文化和体育部，强制性地建立"足球学院"，每个州至少要拥有一所寄宿制足球学校，从小学到初中、高中、大学都衔接起来，类似三级训练体制的业余体校。我们国家现在搞足球学校，都是全国省市集中到某一个地方，如恒大足球学校。而乌兹别克斯坦的孩子不用离家很远，就有足球学校可以上，能够接受高水平的培训。

现在教育部门成立了足球专家委员会，很多专家都是足协的，都是体育界的，这就是重叠。今年的青超联赛，各个俱乐部的梯队、省市体育局的队伍，还有学校的队伍都能参加。那它的目的、出发点是什么？谁来主导？足协的本意是希望打破教育和体育的壁垒，教育口这边希望能够主导，争取更多的学校能够参加，提高校园足球的竞技水平。

孙科：从几位专家的观点来看，体育部门与教育部门的协作尤为重要。校园足球出现的问题，"根"在于部门之间的分割，执行的时候表现在各管一摊。我知道金汕先生有个很鲜明的观点就是"足球从爷爷做起"，这是邓小平同志提出"足球从娃娃抓起"观点的延伸。无论是娃娃、爸爸、爷爷，这里边都会涉及一个问题，就是足球文化的培育问题。文化是什么？足球文化是什么？我想逃脱不了热爱足球的氛围、喜欢足球的热情和把足球作为一种生活方式的态度。问题是怎么热爱足球？

足球是不是代表了一种积极向上的人生态度,是不是有锻炼人品质的基因,是不是一种健康的文化,这都很重要的。恰恰在我国,足球成了一种调侃,甚至烙印上"不干净"的色彩。我想,校园足球首先必须是纯净的,能够让孩子真正体味到快乐,而不是"唯竞技",搞一些所谓的手段、技巧,获得一些成绩,校园足球应该是健康文化自觉笼罩在各种手段之上,不能让工具性的东西将文化破坏殆尽。不知道大家有没有这方面的思考,我们怎么在校园里面把足球扎根,形成比较好的校园足球文化?

吴键:要调动孩子的天赋、天性,孩子喜欢玩,充分给他玩的机会。所以我们现在要求小学阶段足球玩起来,开一些趣味性的游戏,对抗的、游戏性的、小场地的比赛,开展游戏性的班级比赛,每个孩子都参加,真正融入游戏里面,这样才会让人格培养真正的定型。现在倡导的规则意识、集体主义意识,一定要在与人打交道的过程中建构。所以校园足球的文化建构,校园足球建构什么文化,重点就是教会人们去爱国、爱集体以及顽强拼搏精神的培育,足球绝对不仅仅是竞技,如果落地到学校,年纪越小,游戏性就要越强,然后慢慢发展技能。小学玩起来、踢起来,中学赛起来,这些都是校园文化培育很重要的理念。我还要强调一点,校园足球的发展、校园足球文化的培育需要融通,需要足球协会、足球社团盘活,我们不能光听、看,而不去做。

马德兴:文化、教育、体育要统一起来。中国足球发展最关键问题需要立体化的体系。今年,上海队在全运会拿了4个项目的金牌,但队伍里面有几个是真正的上海人? 全运会结束以后,这些外地运动员怎么办? 下一步的学籍怎么解决? 全运会之后,80%的足球运动员在中国足球界消失了。他们干什么去了? 有没有高校能接收这些运动员。所以,改革一方面要创新,另一方面要考虑现有的资源和人。中国的校园足球发展,应该依靠足球俱乐部建立从小学到大学一整套的衔接体系。现在广州富力足球俱乐部就实行这种模式,把校园足球、专业足球、职业足球整个渠道打通了。这个必须得到教育部门的大力支持,如果教育部门不支持,俱乐部是进不了学校的。

李永明：这个体系，成长渠道有好几个，球路踢得好的运动员可以去职业俱乐部，淘汰的运动员可以继续读书，最后可以考入综合大学、体育高等院校或者专门的足球学院。

邱林：如何降低青少年足球人才淘汰率的问题也是校园足球文化形成的一种保障机制。踢球的孩子被淘汰的少了，或者说可以继续攻读学业，那么家长就会放心让孩子踢球。我国现行的足球后备人才培养路径存在"单向化"问题。一旦球员没有进一步的发展，被淘汰，就会面临"无学可上，无球可踢"的窘境。我们可以借鉴法国青少年足球人才培养的一些先进方式解决此类问题。法国足协在全国建立了 15 个精英训练中心，通过精英选拔赛挑选 13 岁学生球员召入训练中心进行 2 年培训（13～14 岁是初中三、四年级，是职业规划选择关键期，被挑选的球员基本选择职业足球，其他球员则选择继续攻读学业），所有费用由法国足协承担。球员参加全国选拔赛，应召进入职业俱乐部梯队或国字号球队。对于未被选拔进入精英中心的学生球员，则可以进入高中继续攻读学业，足球就成为一项体育爱好。这样就可以降低学生球员职业规划的风险，在关键时期选择自己的发展方向。职业风险降低了，家长至少不会过于反对孩子踢球，有了大量的校园足球人口基数，也就有了校园足球文化形成的保障。

马德兴：我主张用球队、校队这种学校足球队取代足球特色学校，这个更有现实意义。足球文化少不了竞技运动，离不开学校足球队的带动作用。20000 所足球特色学校的效果远不如 20000 支校园足球队更有现实意义。我认为每个学校都应该建立自己的校队，只有这样才能把校园足球真正地带动起来。校队是整个足球学校的龙头。这就是示范作用。如果龙头搞好了，整个带动作用是不一样的。如果这个校队能够组建起来，那么它对整个学校校园足球的开展是有带动作用的。校队训练、比赛的时候，就会吸引很多学生围观。日本也有校园足球，不是所有的学生都搞足球，而是他们有一支很强的校园足球队伍。

金汕：开展校园足球要因地制宜，北京的弱项是场地缺乏，但其他方面有很多优势，而且有多种模式。北京有一种京西训练营模式，有别于人大附中模式。虽然人大附中模式为人所羡慕,但并非所有学校都能提供如此大量的资金与设施以保证三集中模式的运行。近年来,一些足球人参考国外经验,开始推广一种新的青少年足球培养模式,即训练营模式。在这种模式中,学生平时在学校上课,俱乐部派教练员到学校进行选材并培训体育老师,平时由体育老师负责学生的课余训练,在周末,俱乐部会挑选有资质的学生集中到俱乐部的训练营,由专业教练员进行直接辅导。目前活跃在石景山区的京西训练营就是以这种模式在该区建立了 16 所网点校,校均 50 多名学生,注册 1300 余人,取得了较好的效果。这种模式可以推广。

总之,振兴中国足球是全国人民的共同愿望,已经成为建设体育强国,实现中国梦的重要组成部分。中国只有加快普及校园足球,才能为青少年健康成长和足球振兴奠定坚实基础。国际学术界普遍认为,青少年足球的发展首先要依赖各级教育部门、学校与社区之间的通力合作,多元主体发展校园足球理应是校园足球发展的常态。鉴于中国的体育与教育部门归属的主体不同,如果协调不利,就会产生各种冲突,造成校园足球发展的内耗、障碍。从长远来看,中国校园足球的发展任重而道远。我们不仅要有好的观念、理念,还要有好的心态,不能急功近利;不仅要抓普及,更要抓提高;不仅要讲究部门间的协同,还要讲究部门的融通;不仅要重视足球的育人功能,更要重视足球对人美好生活的促进作用。从诸位专家的观点来看,通过引进来、走出去的方式,抓紧培养“优秀足球教练”,以俱乐部为抓手,以各省市高水平的足球学院为依托,建立起从小学到大学完整的足球教育培养体系,才是校园足球发展的上策。唯有如此,我们才能加快实现《中国足球改革发展总体方案》提出的“促进青少年足球人才规模化成长”。

第二节 本源·功利·回归

追问和考量校园足球的发展,是个很有现实意义的命题。我们不能否认过去几年校园足球发展中取得的巨大成绩,也不能忽略校园足球发展中存在的一些问题。当前校园足球的发展出现了过分注重成绩、一味追求数量而忽视校园足球教育功能的现象,导致一些校园足球特色学校在执行国家有关政策时出现了偏差。本节依然采用了学术对话的形式,来展现校园足球发展过程中出现的障碍。诸位专家见微以知萌,见端以知末,从校园足球的本源谈起,探讨校园足球教育功能实现的方式和场域,剖析校园足球发展中出现的不良思潮,分析校园足球回归本源的策略,厘清校园足球与教育、体育发展的关系,为更好地落实足球全面育人的理念、促进校园足球健康发展积极建言献策。

2018 年 2 月 1 日上午,教育部召开新闻发布会,介绍了 2015—2017 年全国青少年校园足球发展情况和 2018 年校园足球工作重点。教育部体卫艺司司长王登峰在发布会上提出了校园足球的“三观一论”。“三观”就是参加校园足球的“世界观”“人生观”和“价值观”,“一论”就是方法论。“三观一论”也可以理解为:我们为什么要做校园足球,校园足球在做什么,校园足球的内容是什么,校园足球的发展路径是什么。其实,《中国足球改革发展总体方案》早已规定了校园足球发展的基本原则、主要目标、教育功能和发展路径,但在实际执行的过程中,人们对文件理解的偏差、利益诉求的错位以及区域发展的差异,导致校园足球的发展难以走在一条正确的道路上。上一节的对话录主要围绕校园足球发展的心态、体制、形式主义等问题展开讨论。本节将从其他的维度展开讨论。笔者邀请了聊城大学体育学院陈翀博士分别与北京体育大学博士生导师张廷安教授、上海体育学院博士生导师龚波教授、北京体育大学博士生导师陈效科教授、苏州大学体育学院邱林博士,就发展校园足球的目的、功能以及出现的问题、解决的思路进行了对话,以期正本清源,让大家能够正确看待校园足球的发展。

1. 校园足球本源探析

陈翀:教育部体卫艺司大力推动校园足球的发展,明确了足球特色校的数量指标。五年来,校园足球特色学校顺利突破了 2 万所。这些大环境和发展速度无疑是可观的。需要反思的是,我们发展校园足球的目的是什么?

陈效科:当前,大多数人认为,校园足球的发展是为了提高中国足球的竞技水平,于是提出了"足球进校园""足球从孩子培养"等口号,这些都是对提高中国足球竞技水平的响应。但足球的本质是什么?足球的本质是教育!前国际足联主席布拉特一再重申,发展足球运动的意义并不仅仅是提高竞赛水平,提高观赏性,而在于让参与足球运动的人成为身体和精神上都更加优越的人。著名的拉玛西亚青训营的门口写道"体育运动是纯粹教育人的手段"。校园足球的本质是一种教育的手段,是培养健康体魄、健全人格的一项运动。

张廷安:2009 年 4 月,国家体育总局和教育部联合下发了《关于开展全国青少年校园足球活动的通知》,从此,"校园足球"的提法便开始传播开来。足球进校园与专业梯队训练不一样,足球专业梯队训练以提高球员的竞技水平为目标,而校园足球应该以教育为主,以培养学生的健全人格为目标。2015 年 3 月 16 日,《中国足球改革发展总体方案》公布,其中第五部分就明确提出发挥足球育人功能的要求。校园足球的发展,如果没有理念引领,没有明确目标,认识不到校园足球的教育功能,校园足球的发展就很容易跑偏,从而失去前进的动力。

陈翀:很多足球传统强国,都在大力推广青少年足球运动。他们要求学生参与足球运动以实现全方位的发展,例如,文化课的学习。英国学生从 9 点到 16 点是学习时间,16 点之后就是参与体育活动时间。老师不会干预学生参与体育活动,学生也不会因参与体育活动而忽视学习。我想,这就是校园足球发展需要借鉴的做法。

张廷安:校园足球属于学校体育的一部分。2014 年刘延东副总理在全国学校体育工作会上强调,"加强学校体育是促进学校回归育人本源,促进学生全面发展,要学生理解体育的重要性,养成终身体育的锻炼习惯。"校园足球一定要回归育人本源,将培养学生参与足球运动的兴趣放在首位,通过学生参与足球运动起到带动学生参与体育活动的作用。

陈效科:日本要求运动员必须要完成 12 年学业,才能够参加职业联赛。孩子们从小被培养成拥有健全的人格,成年后再从事职业足球。如果没有教育,纯职业发展就会带来很多问题,不利于球员的发展。校园足球要想健康发展,必须明确足球育人的主线,否则就会出现大问题。现在所提的校园足球训练也不对,校园足球不应该有训练,校园足球活动就是玩。我们小时候也是这么过来的,我们那时候没有校园足球,更没有特色足球学校,老师和家长很少干预孩子的学习和运动。孩子有什么兴趣就自由发展什么。那个时候喜欢玩球是一种乐趣。人有了这种乐趣,才会有终身踢球的动力。

龚波:爱玩是孩子的天性。国家想尽办法,让孩子们走到阳光下,走进绿茵场,能开心地玩起来。一种办法不行,过几年再换另一种办法,如体育课程改革、体质测试达标、阳光体育、体育专项化等。我们总是在技术层面改革,却总是陷入"一实验就成功,一实施就失败"的困局。我们应该从大的制度背景去思考这个问题。校园足球作为国家足球改革战略的一部分,应更多地去突破原有的体制框架。可惜这样的尝试远远不足。

张廷安:很多人认为,发展校园足球是为了培育高精尖的足球人才。校园足球发展的目的不是提高我国足球竞技水平,因为学校现在并不具备足球后备人才培养的条件。首先,从教练员层面来说,我国中小学缺少足球教练,大多数学校没有足球专业教练员。足球专业教练员培养不是一蹴而就的事,需要提升教练员知识储备、技术水平、组织教学、沟通交流等各个方面的能力。如果一名足球教练员连最基本的技术动作都做不好,又怎么能培养出高精尖的足球苗子呢?我曾经看过日本学生的足球教学活动,他们的教练员竟然是汤姆拜尔(前美国职业足球运动员),难怪日本足球竞技水平这么高。他们的教练员配置就是专业的。其次,我国校园足球开展场地受限。很多学校并没有足球训练场地和器材,不具备足球专业提高的硬件条件。这种情况下,如果将培养尖子球员的压力放到学校,是不负责任的做法。

陈效科:校园足球已明确规定,学校必须上足球课。很多学校明面上响应要求,私下却进行文化课补习,取消体育课。这种现象说明,我们还没有认识到发展校园足球的真正目的,也没有感受到足球的教育功能。这突出了教育理念上的偏差。我们需要明确,足球是体育运动项目,体育属于教育,首先应该解决教育问题,才能落实足球发展问题。

张廷安：当前校园足球教学的确存在这样的问题。即使是北京、上海这样的大都市，也存在教练员短缺、教学场地受限、教学时间不固定等方面的问题，更不用说偏远欠发达的省市。鉴于这种状况，通过校园足球推动足球普及就会有很大的压力。如果教育环境没有改变，很难达到促进校园足球发展的预期效果。对于刚刚起步的校园足球来说，很多决策要考虑我国教育的大环境和体育课的基本情况，要从校园足球本源出发，发挥足球的教育功能，以培养人为目标，这样才能促进校园足球的发展。

邱林：足球的本质是教育，这种观点是被大多数人所赞同的，足球的教育意义和功能也是毋庸置疑的。其实，无论是在 2009—2015 年期间，体育部门主导下的校园足球，还是 2015 年至今，教育部门主导下的校园足球，都不曾否认足球的教育本质、教育意义和教育功能，只是重视程度不同。为什么重视程度不同？这是由我国政府部门的职能定位与发展目标所决定的，体育部门和教育部门在校园足球发展中的职能定位是有很大区别的，我们不能简单地将前期（2009—2015 年）校园足球开展中存在的教育问题归结于体育部门，这是不客观、不全面的观点。接下来，我要谈的不是校园足球的教育本质、意义和功能，而是教育什么，怎么教育，在哪教育的问题。

孙科：这样就更深入了。足球是教育，"教什么"的确更重要。

邱林：我们国家在开展校园足球中不断强调足球的教育属性，那么我们要让孩子在足球中学到什么？目前的主流观点是学习爱国精神、团队意识、拼搏精神、融入社会或团体的能力、增进健康的能力、抗挫折能力等。我个人认为，这些内容是在足球运动传播和发展中被不同国度、不同文化、不同阶层、不同利益群体所附加上的内容，它们并不是足球教育的核心内容。从现代足球运动的起源、传播与发展来分析，从足球运动在西方城市化进程中的作用分析，以及在人全面发展中的功能分析，足球教育的核心内容应该是"积极、勇敢、快乐的生活"，教育孩子在遇到任何挫折、困苦时，都应该积极、勇敢、快乐地生活。这是足球运动最原始、最核心的东西,是足球运动得以传播和发展的"根"。

如何将校园足球的教育意义、价值体现出来,或者说通过什么样的方式或手段贯彻、落实下去,这是一个极其重要的问题。我认为,校园足球教育绝不是在足球文化宣传中教育,不是在技战术学习中教育,不是在足球绘画、动画片、啦啦操、足球操中教育,而是需要在真真实实的足球比赛中教育。如果孩子没有真实的参与比赛,他永远不会知道足球可以带给他什么。所以,校园足球的教育意义、价值的核心载体是足球比赛。这也在某种程度上体现了校园足球竞赛体系构建的重要性。

龚波:足球回归育人本源,说起来容易做起来难。校园足球看起来很红火,一些好的足球特色学校,表面上到处是足球元素,如足球场、足球课、课外活动、足球比赛、墙报等,深入地观察会发现,其实形式意义大于实际意义。经过国家大力推进校园足球,足球从形式上回到了校园中,或者说作为"工具"的足球回到了校园。但足球的"价值"没有回归,还无处安家。异化的足球活动,比比皆是,如足球操,单调的颠球、运球、传球等。学生若是学一辈子足球都不会站位、选位、卡位,不会对抗比赛,这是不可想象的。足球不是一般意义的身体活动,否则不需要花这么大代价开展足球活动。至今我们的校长、家长们,只把足球看作是一种体质健康活动,这是对足球运动的误解、矮化。足球育人的核心内容是对抗精神或者说尚武精神、团队精神、团队对抗下的规则精神,这是其他项目所不具备的。

孙科:的确,如果没有在足球比赛的情境中落实足球教育,就不是真正的足球教育。我们需要好的发展理念,也需要一个协同发展的机制,聚焦校园足球教育场域,来统筹好校园足球的发展。

邱林:校园足球教育场域不能全部归之于校内和课内。我认为,可持续发展的校园足球教育场域应包括校外和课外。我有一种略微偏颇的观点:未来校园足球的教育场域中,校外、课外比校内、课内更加具有生命力。在当前校园足球发展的黄金时期以及在国家治理现代化进程中,校园足球治理改革的场域也在校外、课外。由此,校外和课外是校园足球治理改革的突破口,或者说是存在现实可操作性的场域。我们唯有借校园足球发展的"东风",建立和健全校园足球治理体系,让社会组织、市场机构等治理主体健康介入,才可能保证校园足球长达百年的持续发展。

龚波:中国足球走了很多弯路,现在终于意识到问题出现的根本原因。《中国足球改革发展总体方案》中关于校园足球的第一条指示就是足球育人。不过,足球育人的内涵始终缺乏权威性的阐释,也没有明确的办法说明。大多人只是望文生义,把一些道德规范简单地扯进来,就成了足球育人的内容。比如,大家都在讲"做好人,踢好球",这个"好人"往往指的是具有道德模范的人,或听话不惹事的孩子。这显然就局限了足球育人的价值内容。我们大多人没有意识到,党中央提出足球育人的观念,是一盘大棋。在现代强国建设及中华文明振兴的进程中,以校园足球为契机,改造培养人的方式与体制,塑造具有现代素质的、能充分展现世界强国风范的中国人。

孙科:总而言之,教育不改革,体制不变动,发展教育的理念不变化,校园足球的发展是没有希望的。《中国足球改革发展总体方案》说得太清楚了:"把校园足球作为扩大足球人口规模、夯实足球人才根基、提高学生综合素质、促进青少年健康成长的基础性工程。"这种规定性就决定了校园足球的功能和发展途径。鲁迅说得好,天才并不是自生自长在深林荒野里的怪物,是由可以使天才生长的民众产生出来的,所以没有这种民众,就没有天才……我想,在要求天才产生之前,应该先要求可以使天才生长的民众。譬如想有乔木,想看好花,一定要有好土,没有土,便没有花木,土实在较花木还重要。这句话恰恰能解释校园足球发展的目的和功能,那就是把发展足球的教育文化土壤改造好。可惜的是,我们还是认识不够。即使认识够了,也知道足球的重要性,但现实的状况又常左右了人的选择。

2. 校园足球发展价值观的审视

孙科:接着上面的话。是什么左右了人的选择?我们社会的价值取向是什么?哪个阶层的人会得到尊重?什么样的行业和职业会有丰富的回报?这些才是人未来需要考虑的。所以,什么最影响足球的发展? 那肯定是人的价值取向和发展足球的价值理念是否真正的契合。

陈效科: 从中甲到中超,训练场地、测试仪器、球员年薪等都有了大幅度提高,尤其是中超球员的工资待遇,可谓一路飙升,但唯独足球竞技水平的提高不明显。这种现象也间接影响中国校园足球的健康发展。目前,就有很多教练借着培养足球苗子的口号,开始在各个中小学选材,通过个人关系将孩子带进各俱乐部梯队进行训练。这个过程甚至会发生买卖行为,将孩子作为一种商品或者半成品去交易。这种做法对孩子的成长是不利的,让孩子以为踢球就是为了赚钱,从而种下了"拜金主义"的种子,不利于孩子人生观和价值观的形成。

张廷安: 球队对球员资格认定存在很多问题。有些省市队伍为了占据先机,只要球员来试训,都会想尽办法让球员签约。这种疯抢苗子球员的现象,并不是为了球员的发展着想,也不是考虑孩子的长远发展规划,而是为了私利,让孩子签下卖身契,成为个人赚钱的工具。曾经有一位教练说,如果你不注册(这名球员在别人那注册了),那就是对手。不管怎么样,先想办法把人拢住,如果以后不用了,可以解约,主动权在我这。所以,在全运会比赛中经常会出现球员注册问题。可以说,队员资格审核和归属问题的存在,与唯利是图的拜金主义心态是脱不了关系的。校园足球要想培养好的足球苗子,就要坚决抵制拜金主义的出现。

龚波: 这些现象真的很严重。但仔细想想,也是有缘由的。这样的急功近利,会让校园足球很受伤。校园足球没进行几年,一些人认为"造声势"的普及工作可以告一段落了,应该抓青训人才了。这种想法显然是太急了。校园足球中形式主义的东西太多,需要认真对待。

陈翀: 我也接触过很多校园足球特色学校,把开展校园足球当成赚钱的工具,甚至存在没有钱就不干活的现象。这样一来,很多足球教练的工作情绪会受到影响,发展成为没有好处就不干活,把校园足球教学工作与个人得失挂钩,校园足球普及和推广就难以进行。

陈效科: 我去某市调研校园足球开展情况,某位教育局领导提出 3 年内将本市足球水平提升一个档次,进入全国前列,希望我多多指导。钱不是问题!这就是典型的金钱万能主义啊,以为有了钱,校园足球就能够提高快,发展好;以为有了钱,就能够走捷径、出成绩。很多省市为了避开北方寒冬天气,都在广西大量建造校园足球训练基地。但是,建好的基地并不能充分利用,每年训练就只去1个月,造成资金和资源的浪费。还有一种现象,很多地市学校并不具备校园足球开展的条件,连基本的场地器材都没有,也没有足球专业老师,却争先申报校园足球特色学校,认为获批就有钱,先把钱赚来。还有一些学校打着没有校园足球专项基金的借口,不开设足球课程,甚至取消了体育课程,认为没有资金扶持,校园足球是搞不起来。

孙科:足球特色学校的申请还能形成一个新的利益链条,造成权力寻租的现象。有些地方,你如果想申请足球特色学校,就要用指定公司的足球教练员,否则不能入围。这种外包公司就是有关部门在利益的驱动下成立的,目的就是赚钱。等足球特色学校申请下来以后,我再派指定的教练员过去培训。可气的是,这些所谓的足球教练员很多都没有学过足球,很多都不专业,上课价格还很高,导致足球特色学校的经费都浪费掉了,足球教学训练出现很多问题,许多好的苗子都被糟蹋了,还影响了本校足球专业教师工作的积极性。

张廷安:拜金主义不可取,形式主义更要不得。校园足球自2009年实施和推动以来,我作为体育总局青少司专家队的成员,参与了校园足球重点发展区域的调研工作,先后走访了新疆、四川、河南、江苏等省市,对部分学校进行了深入考察。给我的感觉是:这些学校从领导层面都是支持的,活动开展也比较积极,但具体做法有待商榷。给我印象最深的是,很多学校为了迎接调研和考察,都提前组织好展示内容,而且是经过多次排练精心准备。这就给我们一种汇报演出的感觉,将校园足球开展变成了一种形式,而且还带有仪式的色彩。这其实是违背校园足球推广初衷的。

龚波:形式主义是严重存在的。我没有行政职位,平时有些东西体会不深刻。我参加过教育部校园足球调研工作,一下子体会太多。地方为了应付检查,招数很多。地方招待很热情,行程完全在掌控中,很多表面工作,各级别汇报都是当地的成绩,桌子上成堆的材料分门别类,示范课也很漂亮。一问到实际问题,对方则支支吾吾。校园足球有今天的成绩,的确不容易,但实际情况却真的是不容乐观。

陈效科:在形式主义和功利主义的影响下,校园足球很多做法都急于求成,在数量上大肆渲染,肯定自己的功绩,却没有考虑校园足球发展质量问题。例如,某些领导曾说过,自己在位也就 5 年的时间,一定要在 5 年内取得政绩,否则就会为别人作嫁衣。还有很多学校盲目高薪聘请外国教练,以及相关部门不断地追求校园足球数量上的变化,这其实违背了足球项目的发展规律,也违背了校园足球发展的理念。2014 年,校园足球由足球运动管理中心改为教育部体卫艺司负责,从某种程度上促进了足球进校园发展,也为校园足球在学校的普及提供了便利。为了实现普及足球进校园的目标,2017 年已经提前完成了建设 2 万所足球特色学校的目标。2014 年至今,教育部已经组织了 2000 名足球教练员赴法、英留学,从学生参与人数和足球教练员数量配置上来看,确实取得了效果。那么我想说,2 万所足球特色学校就算普及了吗? 中国有多少所中小学? 即便是 2025 年实现 5 万所,这个比例也是不高的,也不能达到普及的目的。足球教练员赴国外留学,有多少教练员回国后能够真正将所学的东西应用到校园足球发展和建设中去? 到目前为止,我仅看过 1 篇关于国外留学的成果报告。校园足球发展在考虑数量的同时,更要关注教学质量、训练质量和竞赛质量等这些方面,不能单纯地从数量多少定义校园足球普及和发展程度。

张廷安:校园足球就是游戏嘛,喜欢足球的学生,三五成群,放学后聚在一起,不一定需要正规的场地,不一定有规范的球门,只要是喜欢参与足球活动,就能够享受到足球的乐趣。足球运动的普及,并不一定仅限于足球特色学校,只要学校的学生能够热爱踢足球,校园足球普及就算完成了,不一定非要从数量上统计。

龚波:校园足球特色学校通过行政的方式铺摊子,看似力度大、效率高、动静大、成效快,但效果并不一定令人满意。各地区学校的状况不一样,所在地区的经济发展状况不一样,条件不具备的学校,也要按校园足球的政策文件执行,这就显得很无奈,也很荒唐。所以,校园足球开展的表面数据很好看,而实际效果却差强人意。现在校园足球发展存在资源、经费浪费的情况,不能真正让普通学生、教练员受益,引起了很大社会反应。学生玩足球如果成了一种施舍,怎样的方式、多少时间玩都没有自主权,也就失去享受足球运动的乐趣。我一再提醒需要注意的就是,促使人们关注足球育人的价值内涵。如果大家有兴趣,可以认真思考一下"足球是怎么从我们的校园出走的"。

邱林:谈到形式主义和拜金主义,我们需要将两者分开剖析。首先,我们谈一谈校园足球形式主义的问题。在这里我要提出几个问题:第一,为什么中国校园足球存在较为普遍的形式主义之风? 第二,我国校园足球形式主义出现的及主要原因是什么? 第三,我们怎么样才能降低形式主义出现的概率?

第一个问题。从中国校园足球从其产生的时代背景与主导动因可知,这是一种行政主导为特点的行为,决策权力高度集中于教育部等几个行政部门,且在决策结构中缺少市场主体、社会组织、公民等参与的制度化安排。这种自上而下改革发展路径极易产生形式主义。在缺乏监管、督查之下,在短时间内,下级部门要完成上级部门的指令,或者是响应上级的号召,就出现了"做不好里子,做好面子"的形式主义之风。

第二个问题。我个人认为,我国校园足球形式主义出现的根本原因是"政绩导向"所致。我国校园足球形式主义出现的主要原因是"内行太少,外行太多"。学校内管理足球的领导没有真正掌握青少年足球运动的开展规律,没有深刻理解国家推动足球运动普及的目的与意义;学校内的体育教师没有真正掌握青少年足球人才培养的规律,不具备足球专业技术能力。因此,形式足球的出现也就不难理解了。

第三个问题。现阶段有关部门需通过建立"监督检查机制"来降低形式主义出现的概率,后期则需要政府转变职能,即"政府由掌舵者转变为护航者"。后期,我们需要将政府对校园足球的行政管理转变为治理,推进社会组织、市场机构等治理主体介入,逐渐弱化政府在校园足球中的主导作用,由真正的足球专业机构作为

"舵手"进行领航,而政府转变为"护航者",为校园足球发展提供保障。

下面,谈一谈校园足球拜金主义的问题。从人的个体角度来看,发展校园足球是为了什么。为了钱? 为了权? 为了政绩? 为了身体健康? 为了上学? 为了交朋友? 为了获得适应社会的能力? 为了培养团队意识? 这些都是功利文化、拜金主义的外在表现。总之,形式主义是主导者的问题,拜金主义是参与者的问题。

3. 校园足球回归本源的策略分析

陈翀:针对当前校园足球发展出现的各种问题,我们如何应对,需要深入思考。很多专家也在调侃校园足球目前最大的问题就是问题太多,大家需要统一思想。其实这也说出了我国足球发展的困境与思路,必须做到统一思想,才能统一行动。

陈效科:英足总明确提出足球运动员发展的长期规划(LTPD)。中国校园足球发展也应该明确学生的长期发展规划。要落实教育理念先行的重要原则,以足球的教育功能为手段,树立学生正确的人生观、价值观。校园足球普及时,不能仅局限于孩子的足球技能水平,还要考虑学生体能、身心发展和社交等各方面的因素,这就要求教练员在校园足球计划设计时要从多层面、多维度着手。有了这个教育理念,我们就要统一思想,无论是小学老师、中学老师还是大学老师,都要明确校园足球的教育理念,统一其实施的目的和要求,做到思想统一、具体实施有区别。校园足球发展的顶层设计、框架结构应该是一致的,只不过针对不同年级和孩子生长发育规律有所区别。

龚波:统一认识的确很重要,这其中首先就是对国家战略目标的统一认识。它是要以发展校园足球为契机,改变中国青少年人才的培养的观念与方式,从而为建设现代化强国打好人才基础,也为文明的传承培养合格人才。文弱的人才不可能担当如此大任的。如果认识不到这个问题,校园足球就什么都不是,需要不需要足球都无所谓,何须耗费如此巨大;如果认识不到这个问题,足球操、大课间活动、足球教学、教材课程、墙报等,任何旧东西都可以装到新瓶子里去。

邱林:我想从校园足球管理上谈一下"统一思想"。统一谁的思想? 怎么统一思想？校园足球发展除了涉及教育部、体育总局之外，还需要协调发改委、财政部、共青团中央等诸多部门，更需要处理好中央与地方、部门与部门之间的"监督——管理"层面、"竞争——合作"层面的利益博弈。2009 年至 2015 年，校园足球由体育总局牵头，2015 年至今，则由教育部牵头，但两个阶段都暴露出难协调、难合作、难以统一思想的弊病。为此，我们必须建立教育与体育部门联合牵头，多部门密切配合的协同机制，在顶层构建系统科学的框架，形成各部门和各层级权责分明、问责到位、高效联动的体制格局，在此之中，既要发挥教育部门的事权优势和体育部门的专业所长，又要推动财政、住建等部门在条件保障中的通力协作。此外，根据校园足球的综合特点与战略地位，我们必须进一步提升"全国青少年校园足球工作领导小组办公室"的权力层级，提高协调工作的权威性与有效性。唯有如此，方可达到管理思路的高度统一。

陈效科：俗话说得好，态度决定一切，细节决定成败。目前校园足球发展就是缺少明确的态度，或者说需要端正态度。我认为提高足球教学质量应该放在首位。这里所说的质量包括教学质量、教练员水平、课程设置、组织方法、科学化设计等各方面因素。这里面主要问题就是态度问题，我们应踏踏实实做 10 年足球，按照青少年发展规律和足球运动规律，好好地设计校园足球的发展模式。

张廷安：开展校园足球一定要注意质量好坏，一定要讲效果。从足球专项技术来看，无论职业球员还是业余球员或学生，在完成传、接、运、射、顶等各项技术动作时，基本的动作模式都是相同的。之所以能够称之为职业，相比较业余运动员和学生，他们完成技术动作的效果比较好，能够合理地控制球，控制动作，这其实就是质量的区别。如果我们在校园足球教学过程中，只注重完成内容、完成数量、完成的进度，就会造成对足球教学片面的认知，导致形式足球、节日足球、仪式足球的出现。刚才我也提到了日本校园足球发展情况，他们从青少年学生培养足球兴趣时，就非常注重足球的职业化标准，从学生开始接触足球基本动作就严格要求，坚决反对校园足球开展只关注普及数量。他们一定要让孩子接触到专业的足球。例如，技术动作学习要规范，参与训练各个环节要完整，放松和拉伸要重视，生活习惯要规律。我们校园足球联赛水平与其他国家相比差距较大,这也是盲目追求数量的结果。学生参与足球可以进行比赛,但是组织联赛要有一定的标准和尺度,足球联赛要注重竞技水平,并不是所有的球队都可以参与到校园足球联赛中。因此,校园足球在活动开展中,要明确管理体制,规范足球活动分级分层标准,从组织制度到活动开展形式、竞赛水平安排上都要提高质量。

龚波:普及与提高在我国永远是个争论的话题。我在《我国校园足球若干重大问题探讨》一文中有过专门论述。从辩证法角度来看它本不是问题,量变会引起质变,但量变不一定产生质变。我们有太多的一厢情愿,当年的"从娃娃抓起",当年红火的"足球学校",最后都偃旗息鼓了。在我国,普及与提高关系严重分化,直至自陷绝境。最后,提高是唯一的合理存在。这就是跑马圈地,揠苗助长。所以这里说统一认识,要强调的是对足球规律的认识,以德国足球为例,近五届 U17 国际足联世界杯,德国仅有一次进入四强。巴西也类似。难道以德国的足球水平,去争一个 U17 世界冠军很难吗? 显然不是,他们强调的是"做得到但不让做",这是对足球规律的尊重与敬畏。

张廷安:现代足球理论认为,青少年从接触足球开始,到成长为职业足球运动员需要 10000 个小时高质量的系统训练。这里的系统训练包括足球技术、战术能力训练、团队作风培养、拼搏精神和意志力体现等各个方面。校园足球对学生的培养要考虑学生身心发展特点和规律,保持参与足球运动的延续性,不能靠人为的"揠苗助长""政绩干预",获得所谓的"跨越式""数量徒增式"发展。这就要求在统一教育理念后,科学地设计教学内容,在实施过程中不能够一味追求进度,要根据学生水平和特点耐心授课,从动作质量出发,以质量为标准,改变数量评价的观念。我们要鼓励学生不断地进取,提高竞赛水平,按照足球运动员长期发展规律,指导学生参与校园足球活动。教学过程中相关人员也要多鼓励、少批评。很多校队学生参与比赛和训练时,时不时地看教练,这就是不自信的表现,究其原因是教练员批评方式过于严重,影响了学生参与足球的积极性和主动性。我认为,以前的三级培养体系就不错,我们那时候能够出成绩,与这种培养体系是分不开的。

孙科：校园足球的发展与国家队水平提高是否有联系呢？我认为，在发展校园足球、提高国家队水平的心态上，两者有其相似的一面。

陈效科：大家都是急于求成。例如，我们之前学习意大利、西班牙，请来了世界知名的国际大牌教练，企图通过教练水平改变中国足球水平。结果呢，中国在世界杯亚洲区预选赛中进12强都很勉强。这足以证明这条路行不通！足球发展有自己的规律，绝不是一蹴而就的。拿德国来说，德国足球从2000年开始改革，踏踏实实搞青训，培养出了厄齐尔、穆勒、罗伊斯、格策等黄金一代，历经14年终于在2014年巴西世界杯夺冠。这也说明足球发展的规律——"青训＋提高"。可以说，发展足球要久久为功，不要追求立竿见影。校园足球长远发展要解决教育问题，足球长远发展要解决文化问题。

孙科：我是这样思考的。国家队也罢，校园足球也好，这只是一个问题的两种不同形态体现。我们不禁要思考：决定中国足球未来发展的因素有哪些呢？首先是文化，其次是教育。文化心理决定人的行为选择。自古以来，我们国家并不崇尚体育，喜欢静，不喜欢动，最精英的人一定都是学习去了，学习成绩优异了，就去从事别的工作。如果要振兴中国足球，那就要改变"学而优则仕"这种价值理念。不是说学而优就不能仕，而是让专业的人做专业的事情。很多优秀的运动员，在取得奥运冠军、世界冠军以后，基本上都做别的工作去了，自己的竞赛经验和技术习得，都没有传承下去，这很可惜。今天的教育已经发生了很大的改变，现在更注重人的个性发展与全面发展。但是，我们的教育仍需要改革，我们教育的价值导向也要发生相应的变化，否则中国足球的发展是没有希望的。有人要问，中国足球何时强大？一是国民真正地爱这个游戏，爱这项运动；二是精英的人也喜欢玩这个游戏，参与到这项运动中去。

龚波：当前国字号成绩下滑并不令人惊诧，这是前些年中国足球欠的债，要改变这样的现状也很难。回到前面提出的思考问题，足球是如何从校园出走的？当然是文化教育的挤压。这种情况下，中国孩子们的体育权利是没有保障的。我非常赞成，中国足球的落后是教育的落后。中国孩子进入校园，就不得不签订一个不平等条约,即体育与智育是完全不平等的。任何其他的小恩小惠或特殊政策,都不足以矫正这样的不平等。所以,一系列的技术性修补都是不可能根本解决问题的。

第三章 "足球发现"与校园足球审视

2018 年世界杯在俄罗斯举办。聚焦精彩赛况的同时,我们不禁要反思足球这项运动到底给我们带来了什么? 是什么样的魔力让人沉浸其中不能自拔? 这狂欢的背后又存在着何种历史文化的密码需要我们破译? 我们不仅仅要关心主流媒体引领舆论的报道,更要挖掘、阐释、凝练足球蕴含的文化属性。为此,2018 年 6 月 25 日,《体育与科学》杂志举办了以"足球的发现:历史—文化—地理"为主题的学术工作坊,邀请十几位专家学者参与了讨论。此次学术工作坊改变了以往由专家发言、参会者讨论的传统模式,采用了青年学者发言、专家点评、自由讨论的形式。会议讨论中,大家畅所欲言,气氛活跃,金句频现,共同聚焦足球与文化、历史、地理以及生活的关系,观照中国足球发展的实际状况,正视中国足球发展的现实问题,以期开出中国足球振兴的良方,助力中国足球的发展。本次讨论是有积极价值和意义的,将校园足球置于"中国足球振兴"的大环境中,先看看学术界的观点和建议,将对本书校园足球的讨论产生积极的意义。

第一节 观球闻道:探寻"足球发现"的阶梯

1. "足球发现"的逻辑

"没有国足参与,大家依然关心世界杯。"《体育与科学》编辑部程志理编审在介绍本次论坛的缘起时的第一句话,或许道出了世界杯的本质。

工业文明后城市文化崛起,英国人开创了现代足球运动。大航海时代,以西班牙为首的欧洲文化的全球渗透,南美足球运动的兴起与西班牙文化传播有直接的关系。足球的发展史就是足球传播史和足球影响史,这也是一条足球发现之路。从体育具有游戏性的这一个特征来看,一方面,世界杯打破了国家、民族、种族三者纠结的价值秩序,表现为"一项好玩的运动","玩"将人卷入了游戏情境中,引出了情本体,外显为喜怒哀乐,造就了世界杯的独特魅力,成为全世界人民的狂欢节日。另一方面,单从游戏的规则来讲,俄罗斯世界杯引入了公平竞赛规则,日本输球还能小组出线,反映了日本足球队的严谨和对规则的尊重。可以说,玩游戏就是玩规则,消极比赛的问题,应该从游戏本体论的角度理解,从规则(约束)行为与运动员道德(纯粹自律)之间的职业约束来讨论。运动竞赛的游戏特征,决定了比赛不能完全靠法律来维系,更重要的是遵从"戒律规则"。犯规是对规则的挑战,消极比赛成为规则修改的契机。因此,游戏先于游戏者,法则在先,相当于数学中的公理,宏观法则。具体的竞技规则是微观约定,在游戏中生成,在游戏中修改。这是很重要的"足球的发现"。

从本体论的角度来看,本体存在即合理,游戏(文化)存在即艺术。而依据丹纳的观点,艺术取决于种族、环境、时代三大因素。在此基础上,程志理主编提出了"足球发现"讨论的三个维度,即历史、文化与地理,强调了寻找典型案例和建立事实平台的重要性,要求相关讨论要具体形象,不要抽象言说,意在世界杯比赛中呈现足球的历史文化景观,在现实生活中获得足球生命衍化,进而回归学术传统,致敬经典,赋予世界杯新的言说和意义。程志理主编认为,大航海时代,新大陆的发现,英国的现代足球开始向全世界传播,最典型的是西班牙文化传播对南美足球的影响。正是通过这种方式,英国的现代足球在不同文明国家发生了嬗变,雕刻上了极强的地理文化印记,造就了丰富多样的足球风格,形成了不同的足球流派或学派,让足球这项运动更具观赏性。不过,"文明过度的特点是观念越来越强,形象越来越弱"。① 足球作为竞技运动项目,是看台文化的典型代表,其技术系统是客观的,这是足球学派的核心,而风格是创造性的,是带有表演性的创造力,是对技术固化的超越,认清楚这个问题,我们才能有所"发现",否则"发现"的切入点就会走偏。俄罗斯世界杯能够提供这样一种反思:在足球历史演变过程中,如何寻找失去的自我? 那就是技术为先,而不是风格模仿,这也是俄罗斯世界杯的"足球发现"。

2.“足球发现”的异域风情

南美足球来源于英国,却第一时间反叛了英国。是什么原因导致了这样的结果? 或许能从西班牙、葡萄牙文化对南美足球传承的影响分析中找到答案。南美洲足球强国主要有巴西、阿根廷、智利、乌拉圭。截止到 2015 年,巴西、乌拉圭、阿根廷的国家男子足球队分别夺得过 5 次、2 次、2 次世界杯冠军。其中,巴西足球与阿根廷足球截然不同,很多人称巴西足球可以引申为亚马孙河流域对巴西民族精神的塑造,是热带主义足球。阿根廷足球则是欧洲主义足球的代表,影响了智利足球的发展(可以看作是阿根廷足球辐射的结果)。乌拉圭足球受英国足球影响较大,是典型的英式体力化踢法。从文化、地理以及历史的角度来看,西班牙文化对西语美洲影响的典型代表是阿根廷,而阿根廷又是世界足球强国。廖菡认为,落实到西班牙文化之于阿根廷足球影响的讨论,是符合"足球发现"讨论逻辑的。

一定程度上,足球构建了阿根廷的国家叙事,超越足球场而成为阿根廷精神的意象,成为阿根廷民族认同的重要方式,也是阿根廷民众不可或缺的生活方式。"足球和探戈既是阿根廷的镜子又是阿根廷的面具,阿根廷人可以通过它们看到自己,同时也可以让别人看到自己。"从国家叙事的角度来看,足球是阿根廷的第一政治,政治家大多为某足球俱乐部的管理者。可以说,"足球就是阿根廷",足球是帮助政客接近民众、获得选票的最佳路途。从社会历史文化的角度来看,足球是阿根廷当代社会的重要主题,被青年视为跨越社会阶层的重要阶梯,是阿根廷人民最重

---

① (法)丹纳,傅雷译.艺术哲学[M].天津:天津社会科学院出版社,2007:76.

要的情感表达方式,也是阿根廷社会共同想象意义的重要载体。此外,足球还是阿根廷电影、戏剧、文学的重要题材。阿根廷足球文化最重要的特性在于其独特的身体视野:它反对英国足球的"机械化""力量化",强调人的身体的重要性,赋予身体一种特定的社会用途,突出用灵巧性和创造性战胜对手的能力,认为足球就是艺术。因此,在很大程度上,无论对于阿根廷人还是巴西人而言,其他地区的球员往往显得缺乏运用身体力量以外特性的能力。自 20 世纪以来,在足球运动中强调身体的社会用途,被认为是阿根廷反传统的"现代性创造"。

足球在阿根廷社会里具有重要的实现自我价值、改变自我命运的作用。在足球运动中寻找自我、改变自我,是阿根廷足球发展的驱动力。对于很多阿根廷球员而言,最重要的品质是"谦虚",即不能过分炫耀自己的天分,而是要选择默默地努力。另一个品质是强调"牺牲"精神,要有高度的责任感,过不迟到、注意饮食的"苦行僧"生活,类似"宗教上的殉道者"。因此,谦虚的品质包含了努力和吃苦。阿根廷足校 70％的孩子来自内陆地区,这意味着他们要背井离乡,家人和自己都要做出更多的牺牲。这种牺牲除了物质上的投入,还有日常训练中的艰辛付出。鉴于此,多数孩子对于最终不能成为职业球员表示"恐慌"。

相对于巴西足球的"热带特性",阿根廷足球被认为具有深入骨髓的欧洲性。阿根廷的混血模式主要是意大利人和西班牙人,英国移民相对封闭,没有构成混血。当语言和人种的单一性因为外来移民而受到威胁时,阿根廷的精英阶层又开始使用"高乔主义""潘帕斯主义"来强调阿根廷民族的纯粹性,试图完成从欧洲特性向美洲特性的转向,这就导致了传统性和现代化之间的矛盾,产生了足球的"克里奥尔特性"。现代阿根廷的足球中心在布宜诺斯艾利斯,它的特点仍然是城市化、文明化和欧洲化。阿根廷足球具有狡猾奸诈的特点,或称克里奥尔式聪敏。有观点认为这来自西班牙的流浪汉传统,可以理解为穷人用自己特有的武器——"狡黠"来战胜强权者。这种民间传统也逐渐变成阿根廷的标志性传统。在他人看来,狡黠很容易演变成欺骗,马拉多纳的"上帝之手"就是典型例子。很多评论认为:阿根廷足球乃至整个南美的足球文化都强调个体的作用,重视人的尊严,尊重人的自由,崇尚理想主义、乌托邦精神,从而形成了"潘帕斯式"的足球文化特征。

由于语言、文化、种族等方面的姻亲关系,阿根廷足球秉承了西班牙足球文化的特色。对南美洲的足球发展产生了深远影响,影响到了欧洲拉丁语系国家的足球风格。总的来看,阿根廷足球文化中的西班牙文化印记主要表现在三个方面:一是宣扬传统的保守思想和天主教正统教义的"卡斯蒂利亚主义",强调忠诚敬畏、严谨自律、冷静持重、寡淡谨慎等价值观念;二是具备了权威主义传统,容易崇拜和依赖个人天才型球员,特别是个人化的克里斯玛式的领导型球员;三是带有西班牙流浪文化的印记。其幽默俏皮的风格,简洁流畅的语言特点,都在足球中有所体现;四是继承了西班牙艺术高于哲学的传统,与西方主流哲学思想格格不入,足球风格体现为彪悍与优雅的复合体,缺乏严密的思考和整体布局。

3."足球发现"的"吴""路"之争

文化、地理、历史塑造了不同国家足球的特性。大航海时代,西班牙的伊莎贝拉女王支持哥伦布航海探险,由此开辟了美洲新航路,树立了标杆,改变了全世界的地缘政治局面,这是人类文明史上的大事件。"大航海时代的本质是一种探险精神……世界之所以呈现出南美与欧洲两种风格、两种流派、两种势力的对抗格局,完全应当归功于大航海时代的航海家。"①虽然郑和下西洋比哥伦布远航早了87年,但是两者的目的以及造成的影响是截然不同的。大航海时代以后,一定程度上,足球可以视为一种殖民文化传播,这是最简单的"足球发现"。足球踢得好,背后一定有其文化和哲学思维在主导,这才是深层次的"足球发现"。路云亭认为,西班牙是艺术的国度,舞蹈尤其出名,也有高迪、毕加索这样大师级的艺术家。谈及西班牙足球文化,一定涉及加泰罗尼亚文化。巴萨是加塞罗尼亚文化缔造的结果。"巴塞罗那队的足球哲学也和加泰罗尼亚人的性格息息相关:严谨的传球、固执地

---

① 路云亭.现代足球——人类动作镜像的终极美学[M].上海:上海人民出版社,2015:29,459.

追求控球率、用艺术化的技术瓦解对方。"①在路云亭看来,阿根廷足球队在俄罗斯世界杯的处境岌岌可危,以后发展也会很难。它没有德国人的理性,教练水平比不过欧洲,又丢失自己的风格,领军人物梅西总体表现不太像阿根廷人,更像是加泰罗尼亚人,梅西的"基因"似乎发生了突变,与阿根廷足球队有种格格不入的感觉。

　　足球文化意义的产生,本身说明了足球的魅力,这些文化恰恰是足球作为游戏的意义附着。在吴骃看来,足球广泛传播源于工业革命现代化的成功,大航海时代、人种、混血、身体素质等因素,与足球本身的关系不大。从游戏的角度出发,足球能够共同言说的特质,是解构民族主义最好的载体。作为世界第一运动,足球最大的功用是结束过去,开辟未来。足球中的种族主义与地域文化,是人们重新赋予足球的一种新想象。每个民族都说"足球是我的",民族主义就消失了,世界就在足球脚下,这才是伟大的"足球发现",是现代哲学的精髓。足球这个游戏,类似"不是我们在说语言,而是语言在说我们",这也是为什么维特根斯坦在观看足球比赛时才产生了"语言游戏"的想法。也就是说,足球语言最适合现代人的玩法。从历史上来看,现代足球诞生于英国,并进行了手脚分离。在 20 世纪以前,足球对体育的贡献很小,贡献第一位的应该是体操。第二次世界大战以后,足球的贡献变大。所以,西班牙文化对阿根廷足球的影响,还有历史、哲学、艺术等诸多因素,都是让足球变得有意思的佐料而已,这些不是足球本身所具有的。足球就是足球,是很"简单"(正如克鲁伊夫所说的"简单足球也是最精准的足球")的、偶然性很大的(奇迹是必然的)运动项目,比橄榄球、棒球都要简单,本身没有太多复杂性,就是一场比赛,是全世界都懂的游戏。

---

① 路云亭. 现代足球——人类动作镜像的终极美学[M]. 上海:上海人民出版社,2015:29,459.

第二节　三省吾身:审视校园足球发展的问题

1. 分析足球技术求变思维

　　足球游戏规则是高于民族主义的,世界各民族都会在足球文化的感召力下求同存异,在同样的规则框架内展开交流。足球的最大魅力就是可以整合世界,以普遍的游戏形式,消弭地理、历史文化意义上的空间差、时间差。张震认为,已有资料表明,无论是拉美的风格、欧洲的风格、东方的风格,其根本上只有一种游戏规则和唯一一种正确打法——欧洲大陆的足球打法:"讲整体、多传球、快速推进、避免粘球盘带",这些打法并非"风格",而是正确的技术和游戏模式。越接近当下,欧洲足球越显出其强势地位。凡是强的亚洲、非洲球队都是在欧洲的训练体系下成长起来的,无论是英超、意甲、德甲还是西甲联赛,球队的传球总数、传球距离、射门次数和角球数量都符合"回归平均"的规律,一切冷门和国别风格都不过是"回归偏误"。一定意义上,足球的游戏规则和游戏技术,让这项运动具备了击穿一切"差异空间"的能力。我们所说的足球就是"现代足球",这种"现代"最为突出的本质就是专业技术性强和技术模式的统一。这意味着,从小(五六岁)就要按照"欧洲"模式进行训练,拉美"踢野球"的训练模式,已经不能维持高水平队伍后备人才的需求了。稍微细心的人就会发现,让人倾慕的拉美球星,无一不是在欧洲训练和比赛的。

　　吴驷认为,我们不能活在以前的世界里,想当然地认为足球应该怎么踢。生存空间和城市空间都发生了变化,沙滩足球、街头足球的没落是必然的,不是什么地方都可以随便踢足球的。从巴西足球发展史来看,当时,最先进的国家是英国,英国玩的是足球,巴西就要学习英国的足球,可以说足球是巴西追逐现代性的隐喻。刘映海认为,由于足球运动的全球化,尤其是现代训练科学的发展,使得纯技术视角的足球已经失去了所谓的地域特点,而变的趋同化,现代足球只有一个踢法,那就是获胜的踢法。我们原本认为的传统风格已经不再"传统",核心球员的特点和教练员的水平、风格决定战术打法。其至我们会看到随着队员的替换,整个球队的打法都可能发生变化。因此,足球在技术层面已经没有秘密,只有科学训练。

足球的发展一定是求变的。中国足球缺乏的就是创新,总是墨守成规地去复制粘贴,最终就会走向失败。路云亭指出,中日书法差距较大,日本落后的原因就在于墨守成规、抱残守缺,还在沿袭唐代的写法,而中国懂得了书法的精髓,那就是变法,一直在创新,所以水平很高。反过来看足球,我们学习足球很像日本学习中国书法,一直是在模仿,不懂得求变。创新求变才是足球技术发展的核心。梁枢以彼得·蒂尔写的《从0到1:开启商业与未来的秘密》为例,讲述了复制与创新的关系。他认为,从0到1的过程是非常困难的,是需要沉淀、积累与总结的。这种积累本身往往会以复制的形式表现出来,通过不断的复制慢慢积累,并逐步熟能生巧,继而创新足球技术或者青训理念。中国足球此前模仿与积累的素材已经很多了,包括大量海外并购足球俱乐部,只是未能将这些经验、理念吸收、内化,没有实现从量变到质变的飞跃。

2. 辨析足球发展观念

足球如何发展,大家众说纷纭。一种观点认为,中国传统文化"不争"的观念限制了中国足球的发展;另一种观点认为,中国人种特征不适合足球运动;也有观点认为,足球的发展与体育产业占 GDP 的比重关系巨大,足球必须要走市场化、职业化的道路。程志理主编认为,足球的发展不要价值预设,要认识到中国足球的落后是技艺的落后,高层和社会各界应该重视这个问题。笔者则认为,中国足球的发展要有抓手,不要层层设限。商业的手法,公益的心态,是很难搞好足球的。落实好习近平同志的足球三愿,就要对足球技术水平的发展提出要求,将足球发展按照竞技化、专业化的要求,层层落实。足球与经济的关系比较复杂,经济单方面很难决定足球的发展。足球职业化、市场化发展良好,能够促进体育产业的发展,带动经济的腾飞。但好的经济条件不一定能促进足球的发展,反而会阻碍足球的发展。我们常见的足球运动参与的两大动力,一是贫穷改变命运,二是热爱足球拥抱生活。怎么能发自内心的热爱呢？那就是真正地将足球视为人生的最高价值追求，成为生命中不可或缺的一部分。从这个角度来看，中国足球的发展还是与传统的文化价值观念有关系的。

足球因为其独特的"类社会场域"而包含了太多的文化元素，在这个场域中，有对手、有队友、有配合、有独立、有合作、有斗争、有兴奋、有沮丧、有成功、有失败，这些因素能影响甚至改变人们的身心素质、精神品质、情感认同和生活方式。刘映海认为，人们对足球的热爱不是由技术、胜负决定的，而是由文化决定的。我们要注意到国民价值追求与足球核心价值是否具有一致性。足球若只是国民的"生活工具"，而非"生活方式"，足球是搞不上去的。我们历次足球改革学到了什么？我们或许只学习了现代足球的表现形式，如职业联赛、青训体系、足球产业等，并没有意识到足球使人快乐、给予人们希望、改变人生活的核心价值。邱林认为，足球若异化为工具，带来的问题就更可怕，如足球比赛的"假赌黑"、一味追求经济利益的足球学校等。人种问题并不决定足球发展水平。从足球运动的竞技特征来看，身体素质是影响因素，但绝不是决定因素，技战术、心理、心智训练，可以弥补身体素质的不足。人种说明显存在悖论，本田圭佑、孙兴慜等一批球员在世界杯的表现，都可以驳倒这个观点。

中国足球走职业化的道路是没错的。中国职业足球联赛改革始终难以实现"管办分离"治理窠臼的原因何在？梁枢认为，我们隐约总有一股潜在张力限制着改革发展，导致足球乃至体育产业改革进程远远落后于同期起跑的文化产业、旅游产业。此前读过黄光国老师的论著，提到"泛家族倾向"依然是中国社会文化的重要特征。董仲舒"罢黜百家，独尊儒术"之后的几千年，"家国同构"的社会基本结构不断被强化，"泛家族化"意识深刻烙入中国人的骨髓，保证中华文明完整地绵延至今，即使在现代社会依然存在。"体育"极其讲求天赋、遗传，继而催生出"血缘""地缘"和"师缘"的基本人际关系纽带。足球作为体育市场经济变革的先头兵，处在转型期内巨大的文化冲突与矛盾漩涡之中，"熟人化"的业务往来关系，突然转变为冰冷而严肃的"契约关系"，加之大量资本快速涌入足球领域，缺乏健全的足球联赛治理体制以及基本道德操守、行为规范,造成各类问题层出不穷,甚至陷入恶性循环之中。未来中国足球体制的深化改革,应当充分考虑"文化传承与创新优化"的平衡,传承集体主义精神,回应稳定团结的诉求,逐步培育契约意识。

当前我国足球产业化最大的误区,是将其当作生产型经济,而非消费性经济。西方国家的足球产业化,很大程度上是一种"向下"为球迷服务的消费性经济,无论是在现场还是在电视机前看足球赛事都需要"购买",门票、赞助、转播权和特许经营权四大收益,构成了足球产业的主要内容。西方足球产业形成的收益,尤其是足球博彩的大部分利润,各国都会拿出很大比例投到足球事业中去,由国家足协进行分配,将通过足球赚到的钱投到足球的发展中。

足球产业的消费性,能够保证所有足球从业者"卷入其中"。球员的卷入、球迷的卷入,让足球的共同体验成为一种普遍的消费文化。例如,足球比赛转播基本没有广告,只有充分的赛前、中场休息以及赛后分析,将一场比赛当作一次"有信仰的事件"转播,而非一次商业活动——广告或者说无节制的逐利伤害了我们对竞技体育、精英体育的认识。又如,只有"卷入其中"的球迷,才能在现场体验"捕捉"到那种快感,将掌声和欢呼不仅送给进球,而且送给每一个"好的技术"的展现,比如一次扑救、一次滑铲、一次抢断等。中国足球的发展,要在考虑政治以及其他层面利益诉求的基础上,秉承"专业主义至上"的理念,才能达到较高的竞技水平。

3. 聚焦校园足球发展

以上的讨论,为校园足球问题的审视提供了理论基础,上文所提到的技术与观念,换个视角来看,亦是校园足球存在的问题。聚焦校园足球的发展,必须从政策性的问题谈起。从《中国足球中长期发展规划》可以看出,提高足球技术水平固然是重要的目标,但"立德树人"才是根本目的,校园足球的指导思想就是"以服务人的全面发展为宗旨",是"足球是民族精神的重要载体",王登峰司长也表述为"校园足球工作作为实现教育立德树人根本任务的一个重要举措"。现在校园足球开展得如火如荼,教学、训练、竞赛体系以及师资队伍、场地建设等各项工作均取得了较大的成绩,也存在许多问题。刘映海提出了三点注意事项:第一,要预防校园足球目标的"口号化"。校园足球是文化足球,而不是单纯的技术足球。因此,校园足球发展中,要牢记校园足球"价值观",要提出具体的可操作、可实施的方法方案和步骤规划,避免育人目标的"口号化"。第二,要警惕校园足球学校的"数量化"。部分学校为了跟风,为了获得资源、名声等荣誉才参与申报。申报成功后,部分学校落实不及时、不积极、不努力。这就造成了足球学校变成了一个个备案中的"数字"。第三,要避免校园足球竞赛的"唯锦标化"。随着校园足球竞赛体系的逐渐发展,为了获得好的成绩,一些训练比较努力、足球天赋较好的孩子,成为班级、学校、市县的队员,参加了大量的比赛,占用了大量的学习时间。

校园足球"数量化"问题出现的诱因是相关部门政绩导向所致。邱林认为,我国校园足球的开展是由政府主导推进的,是一项自上而下的改革。其次,校园足球开展理念出了问题。我国发展体育运动一直强调"多"与"大",人口基数要多、覆盖范围要大,致使校园足球也一直强调"大"的概念。足球发展战略不同于奥运争光战略,二者的推进策略是存在本质区别的。世界上只有足球强国,没有足球大国。不是踢球人多了,就是足球大国。国家的大小、体量、人种都不是决定性因素,足球文化才是核心,它是现代足球文明在不同民族文化中的外在表现。

实事求是,教育部门在校园足球开展中的职能定位存在很大问题。如果说足球文化的形成是解决中国足球发展的根本,那么教育部门就会起到至关重要的作用。足球文化的核心载体是人,青少年受到什么样的教育,就会形成什么样的文化传承。教育部门的职能定位是改变中国学校体育的教育理念,形成真正的学校体育文化,培育校园足球在学校生根的土壤,而不是将工作重心置于布局学校、培训师资等专业具体工作中,这些应由更专业的体育部门来做。

校园足球政策本身是为了在学校普及足球项目,培养更多足球人才。这个出发点反映出党和国家已经认识到足球人才的培养是一项具有成长性的时代使命。在政策执行过程中,地方教育行政部门和学校往往忽略了学生们的想法,总是以完成筹建足球队和举办足球联赛的行政任务为目的,忽略了什么样的学生喜欢足球,什么样的学生适合踢足球。所以,闫士展博士认为,校园足球政策要想发挥更大功能,就需要改变自上而下的严格评估标准,体育教师应该从学生的爱好选择做起,真正让喜欢足球的和适合踢球的孩子走向足球场,参与到足球联赛中。

贺幸辉认为,基于运动体验的校园足球发展,实现了观赏式足球到参与式足球的转变,催生新的文化传播模式。足球在西方社会和中国社会的传播具有很大的差异。在西方社会,足球文化是一种自下而上的传播模式,参与足球运动的人群基数庞大,伴随着广播和电视等媒介的普及,逐渐从最初的参与式足球拓展为观赏式足球;而中国足球文化的传播是一种自上而下的传播方式,很多国人对足球的了解是从看球开始,从观赏式足球逐步发展为参与式足球。与观赏式足球相比,参与式足球不仅需要获得足球基础设施、足球参与人群、足球赛事等现实条件的支撑,而且也更强调个体的运动体验。中国的足球改革,特别是校园足球的改革,将会带来新的足球参与人群,从而催生基于运动体验的校园足球文化传播的新模式。

与基于电视等大众传播媒介的观赏型足球文化传播不同,基于运动体验的校园足球文化传播的受众不只是个体,更是以家庭和学校为纽带联系起来的有机体,因此在传播效果方面不再只重视受众数量,而更偏向于强调信息带来的文化影响力,比如建立对学校的认同感,促进更为融洽的家庭关系。在传播内容上,由于有自身的运动体验,所以更加强调信息的专业性,比如足球的技战术、运动损伤和康复、运动营养、足球赛事的组织等。在传播渠道上,自媒体将会发挥更大的作用,学校内部的组织传播也将扮演重要的角色。探索这种新型的基于运动体验的信息传播模式,将会有效避免因为电视传播所带来的足球明星化和商业化的弊端,更加强调足球的教育价值和社交价值,有利于建设不同于现代电视媒介的校园足球文化。

与按照专业体育培养足球运动员的模式相比较,现在的校园足球更强调在普通学校对足球运动项目进行普及,这就使得校园足球文化的传播在一种更加自然的状态下进行,更强调校园文化、家庭文化和城市文化的互动,更具有开放性,而不是在封闭的运动技术学校中进行。在这种自然状态下进行传播,首先足球文化会成为校园文化的有机组成部分,比如清华附小就提倡"无体育不清华"的教育理念,利用购买公共服务的形式,组织学生体育社团,开展包括足球、轮滑等诸多项目在内的体育教育。这些学生并非体育特长生,他们对不同体育项目的参与,将会带动更多的孩子参与到体育运动中,从而在学校营造浓厚的体育文化氛围。其次,这些孩子并没有同家庭和社区分离,他们所接受的足球教育,将会带动以家庭或社区为单位的足球参与,从而丰富普通中国人的家庭文化建设。最后,随着运动水平的提高以及不同学校、不同家庭、不同个体之间交流的频繁,学生们会关注更高级别的足球赛事,以足球为纽带形成城市认同,带动城市不同群体的足球参与,增强一个城市的文化活力。从学校到家庭再到城市,校园足球文化如果能按照这种自下而上的方式进行传播,中国足球才能真正融入普通人的生活,成为一种新的生活方式。

第四章 "足球生态"与校园足球发展

第一节 从"国家在场"到"民众出场"

孙科：目前，中国足球正经历着双重转型：一是管理机构变革，二是职业化突围。这其中夹杂着专业化与职业化的冲突、行政化与市场化的博弈，集中体现了改革开放 40 年以来中国社会面临的问题。可以说，中国足球是中国经济社会发展的缩影。中国足球振兴要有中国方案，中国足球发展要贡献中国智慧。在中国足球改革进程中，如何"看待"足球至关重要，这些"智慧"隐含了不同的足球发展观，也决定了中国足球的发展取向。如果将足球看成"资本"运动，那就应该市场化运作，职业化发展，充分发挥市场在足球发展中的决定作用；如果把足球看成"社会"运动，那就行政化运作，专业化发展，充分强调行政管制在足球发展中的关键作用；如果把足球单纯看成中国"体育"运动，中国足球走的是"资本市场"与"行政管理"相结合的路径。这些不同的观念看似对立，反而在中国足球发展中和谐相处，所以中国足球区别于世界足球，呈现出极其鲜明的特色。中国足球特色发展要考虑到其生存环境。纵观改革开放 40 年以来的中国足球发展，我们可以将其归为一条逻辑主线，那就是从专业化到职业化的转变，交织着各自主导、共存共生与相互排异，折射出中国体育发展观的变化。那您是如何描述中国足球的发展历程的呢？

杨国庆：任何事物的存在和发展都是有条件的，要有其产生的基础和成长的空间。为此,我提出了"足球生态"的概念来揭示中国足球发展的历程。所谓足球生态,指足球这项体育运动在社会中存在、发展状态,以及构成足球运动的各个因素之间,以及足球运动与社会之间环环相扣的关系。它是与足球运动相关的一切实体存在、意识形态、组织形式交织在一起的场域。这个场域经历了"国家出场"到"民众在场",再到"国家在场"到"民众出场"的转变,分为专业化主导、职业化尝试与专业化、职业化共生共存三个时期。中国足球自改革开放之后,重新被历史的追光灯所凸显,成为与民族情感、国家意识和大众生活都紧密相关的文化生态体。20世纪80年代初,足协专职主席开始由体育总局的高层领导担任。1985年11月,经国家体委批准成立全国足球领导小组,袁伟民出任组长,陈家亮和年维泗为副组长,主管足协的具体事务,开启了高层领导与专业人员共同管理足球事业的时代。此时,足球又站回到国家意识的前台。在工人体育场,时任第七届全国人大常委会委员长的万里同志,对时任足协主席年维泗等人的谈话中就提及了"足球是一个国家经济、文化和人民素质的综合体现",表达了足球要冲出亚洲、走向世界的愿景。

从万里的谈话中不难看出,在一位国家领导人的视野中,足球具有浓厚的"国家"意蕴,它是体现国家整体实力具象的载体。因此,这一阶段的足球生态是"国家在场"。国家在场的典型表现就是"举国体制"下的多级选拔机制,完整的人才梯队结构,亚洲足坛的劲旅,这是专业体制下中国足球生态的最好描述。与此同时,民间足球也呈现出一派欣欣向荣之景,国人足球热情被空前地调动起来。这是国家体制在场背景下的全民足球繁荣,在资讯仍不发达的背景下,球迷也开始自发地组织起来,成立了早期的"协会",可以说,民间足球的种子此时也已经生根发芽。

孙科: 专业化时期是"国家出场"的时期,进入职业化以后,"国家出场"变为"国家在场",这其中的变化反映出何种的足球生态。

杨国庆: 1992年,北京西郊红山口会议以后,中国足球确立了职业化发展方向,中国足球进入了改革阶段。中国足球由"国家出场"转变为"国家在场",开始强调市场作用,发挥资本优势,国家开始逐步退出"主管"舞台,进入"监管"角色。从此,大量商业组织和投资涌入了足球生态环境中,足球生态发生了巨大变化,造就了职业联赛初期足球的商业繁荣。商业比赛创造出的泡沫"工体不败"神话,最能代表资本对足球的影响,老榕的《大连金州没有眼泪》代表着足球文化的互联网生态初见端倪,是"民众在场"的最好体现。然而,商业资本的涌入和民间足球的繁荣并没有从根本上消解"国家在场"的生态样貌,而是转化为国家、资本构成的多元生态结构和场域模态。鉴于中国足球长期"迟滞不前"的状态,中国足协决定采取"引进来"和"走出去"双管齐下的策略,国家队引进了施拉普纳,各地方俱乐部开始引入外籍球员,孙继海、李铁加盟国外俱乐部,试图通过栽种足球的"杂交水稻"来改变现有的足球生态。此后,高薪聘用外教以及运动员,轰轰烈烈的"洋务运动"成为中国足球生态样貌的常态书写。

孙科:"民众在场"强调球迷观赏陪伴的作用,"民众出场"强调球迷参与足球,这是足球走向大众很强的信号。那么,中国球迷走向"出场"有什么特定的背景吗?

杨国庆:这一时期,多元生态结构没有带来多元效应,行政权力拥有者与资本运作共同在场的生态环境并非良性,随着权力与金钱绞缠在一起,联赛开始被操纵,假球、黑球、赌球的现象愈演愈烈,在此恶劣的生态中,中国足球的水平更加不堪,恐韩症、恐日症成为媒体的"日常话语"。俱乐部与商业化中的假球与赌球之弊,终于引爆了足坛反赌打黑风暴。也正是在这样一种"乱世"当中,中国球迷终于不再甘于沉默,发出了他们自己的呐喊声,球迷的呐喊声开始超越权力话语,走向前台。"下课""雄起""黑哨""心太软"等这些带有愤怒情绪的话语,充斥着网络与球场,聚集了大量普通球迷的力量,代表着中国足球进入了"民众出场"的新时代。

2015年2月27日,在中央全面深化改革领导小组第十次会议上,审议通过了《中国足球改革发展总体方案》。方案要求调整改革中国足球协会,改进完善足球竞赛体系和职业联赛体制,改革推进校园足球发展,普及发展社会足球,这标志着新的足球时代开启了。足协管理体制的改革与职业联赛的发展,代表着中国足球由职业化尝试到职业化主导的时期,强调了职业俱乐部在培育球迷群体和城市足球文化的重要作用。可喜的是,球迷的自组织能力和自组织热情空前高涨,形成了以互联网为媒介的大规模组织,他们行动统一、服装统一,有较为明确的组织原则和行动模式。足球成为全民生活的重要部分。商业资本开始与球迷深度结合,俱乐部逐步与球迷协会相互依托。

孙科:国家重视、社会关注、媒体关心,民众也越来越多参与到足球生态建设中。与以前相比,中国足球的确迎来了最好的时代。不过,行政管理的惯性以及中国体育复杂的生态现状,导致专业化与职业化的博弈将长期存在。那么,新的时期,中国足球生态需要警惕哪些现象?

杨国庆:新时期需要解决的就是足球"改革彻底性"的问题。"专业化"与"职业化"的纠葛将长期共存,难以消除,这需要引起重视。目前,中国足球生态呈现出三个不好的现象:第一,各种利益媾和的不良现象开始隐形化发展,俱乐部和投资人盈利困难。第二,青训是解决足球生态恶化的根本,要警惕足球拜金现象开始趋向年轻化。第三,足球问题开始变得复杂化、多样化,多利益主体的协调发展至关重要。中国足协既要监管俱乐部,又要给俱乐部提供好的政策。总之,健康的足球生态,应当是具有自然生长的特性,"国家在场"时代的中国足球生态不可能被重新复制,民众的出场是当时代的必然,唯有基于这样一种现实的生态状况,进行总体方向性设计和调节,而不是在生态链的细枝末节处横加干预,充分尊重足球生态中的芸芸众生,才可能让这个生态系统朝向自然的良性循环和发展。

第二节 从"文化建构"到"困境突破"

中国校园足球发展经历了产生、演变等不同的历史阶段。崔乐泉从校园足球的历史演进谈起,落脚于校园足球文化建设路径;曹莉从传统文化资源中寻求中国足球文化自信,以蹴鞠为媒介构建传统与现代相结合的校园足球文化;王家宏就校园足球政策执行中存在的沉疴与顽疾,提出了解决问题的思路和措施。这三个主题演讲涉及了中国校园足球的前生今世、中国校园足球文化构建以及中国校园足球政策的执行困境,前两个主题均涉及蹴鞠的介绍。崔乐泉认为,中国蹴鞠的产生、衰亡,经历了直接对抗、间接对抗与技巧性表演的发展过程,这是一个不断压抑与剔除人性本能来显示文明化的过程。正因为如此,在相对封闭的世界里,它最终失去了向前开拓的动力和预见未来的视野。现代足球起源于中世纪的英国,通过文化视野的拓展与超越,发展至今日的现代足球,已经显示出文明与本能之间的张力意识。而这种发源于英国的现代足球与"大英帝国"的崛起,最终成为西方乃至全球性的"文化话语"。实际上,中国蹴鞠的演变早已经揭示了"人性"的演化,落实到校园足球中,就是足球对儿童与学校文化冲突张力的缓解,是"本能的缪斯"被压抑释放的绝佳方式。

崔乐泉:"校园足球"作为一个专有名词出现在公众视野,迄今仅有短短几年时间,但这并不意味着它是一项新鲜事物。目前为止,文献所载中国最早出现的现代足球,也是中国近代历史上最早的校园足球,出现在1947年出版的《五华县志》中。清朝同治十二年(1873),德国传教士毕安、边得志来到广东梅州的五华县长布镇元坑布教,并创办了当地第一所中书院(相当于今天的初中)。就在这所中书院里,两位传教士于大操场两端用木料搭成球门教学生踢球。19世纪80年代,北洋水师学堂已经开设有足球课程。20世纪初,上海圣约翰书院最先成立了足球队,这是中国最早的校园足球队。中华人民共和国成立以后,1964年6月1日,共青团中央、教育部、国家体委共同发布了《关于在男少年中开展小足球活动的联合通知》,在城市有条件的中小学里,积极、适当的开展小足球活动,定期举办青少年足球赛。同时在开展的过程中,选择一部分基础较好的学校作为基地,进行后备力量培养。

在当代校园足球文化发展过程中,2009年、2014年是不得不提的两个年份。2009年4月14日,国家体育总局和教育部联合下发了《关于开展全国青少年校园足球活动的通知》,"校园足球"首次被写入通知中,这一术语从幕后走向了前台。为此,有专家认为,"校园足球"一词的出现是在特殊时期、特定时刻的新型产物。此后,校园足球便成为学校足球活动的专用术语而被广泛传播开来。2014年是校园足球进入"2.0时代"的开局之年。随着《中国青少年校园足球发展规划(2015—2025年)》的推出,"全国青少年校园足球活动"也进入了全新的发展阶段。

校园足球主要存在的问题有:竞赛重视程度不够、缺乏高质量的指导教材、师资力量严重薄弱、配套设施严重缺乏、缺乏强有力的法律法治保障措施。

校园足球文化如何建设,路径是关键。为此,结合对《中国青少年校园足球发展计划》《国家体育总局、教育部关于加强全国青少年校园足球工作的意见》《中国足球改革发展总体方案》以及《教育部等六部门关于加快发展青少年校园足球实施意见》等校园足球发展规划的理解,将校园足球文化建设路径综述为以下几个方面:师资队伍建设是提高校园足球普及水平的基础;深化足球教学改革关键是健全学生参与足球的激励机制;校园足球竞赛文化的多元化是校园足球文化建设的路径之一;发展青少年校园足球是校园足球文化建设基础路径;校园足球既要关注训练,更要关注比赛,通过比赛引导学生参加足球活动;加大投入,改善场地设施条件,是校园足球文化建设重要的物质条件;社会力量参与是创通优秀足球苗子成长之路的重要路径。

曹莉:虽然早在耶稣还未出生之时,中国就有了蹴鞠。但时至今日,中国足球的成绩并不理想,屡战屡败,始终难以冲出亚洲。要实现习近平同志的足球三愿(中国世界杯出线、举办世界杯比赛及获得世界杯冠军),提高中国足球竞技运动水平就至关重要,其中的关键一环就是校园足球。《中国足球改革发展总体方案》将"改革推进校园足球发展"作为足球改革发展重要的内容,教育部专门成立了"全国青少年校园足球工作领导小组"来推进全国青少年校园足球工作。在此背景下,大力发展青少年校园足球已上升至国家战略的高度。因此,如何多角度、多方式地做好校园足球普及工作,就成为教育部学校体育工作的重点。

作为齐鲁地区,如何能够凸显校园足球文化特色是我思考的重要命题。"何以特色"?那就"蹴鞠而行"。中国古代蹴鞠与现代足球具有较深的历史渊源。2004年,时任国际足联主席布拉特宣布:"中国古代的蹴鞠就是现代足球的起源"。为此,我就以蹴鞠运动与校园足球的文化契合点为研究主线,深入挖掘传统蹴鞠的文化元素,结合现代足球文化特点,构建具有中国特色的校园足球文化。当前关于蹴鞠的研究主要集中在国内,研究的领域与问题涵盖了"古代蹴鞠的源起""古代蹴鞠的内容""蹴鞠的演变与消亡"等。总体而言,国内研究成果,在蹴鞠的当代价值、蹴鞠与齐文化遗产保护、蹴鞠与现代足球文化和校园足球文化相结合的成果等方面存在明显不足。实际上,蹴鞠产生于保家卫国的军事需要,兴盛于强身健体的大众娱乐需要和国家产业化发展的战略需要,与今天校园足球强身健体、强国强族和体育产业发展的战略目标具有较高的一致性,两者具有内在的一致性。

对当代校园足球发展而言,蹴鞠在场地、服饰及方法、规则,观念层面的伦理道德、教育思想,风俗礼仪层面的仪式,可为校园足球文化的建构提供传统文化元素。蹴鞠的历时形态的演进规律,在与时俱进、立德树人、特色发展、文化多元的健康发展上,可为校园足球提供建设经验。校园足球文化在普及、教学和竞赛上的建设又将反过来促进蹴鞠文化遗产的挖掘与整理。总之,中国特色校园足球文化是校园足球"物质文化""精神文化""制度文化"和"行为文化"的有机组合。通过深入挖掘梳理中国古代蹴鞠运动,传承发展的文化精华,构建系统化校园足球教学文化体系,营造生活化校园足球文化体系,制定规范化的校园足球组织管理文化体系,构建多元化的校园足球文化传播体系,打造立体化足球竞赛文化体系,建立现代化校园足球环境体系,有效促进校园足球运动的可持续发展。

王家宏:2018 年 9 月,全国已建立校园足球综合改革实验区 12 个,试点县(区)135 个,国家级特色学校 24134 所,招收高水平运动队高校 140 所,满天星训练营 51 个,基本建构起"改革实验区+试点县(区)+特色学校+高校高水平足球运动队+满天星训练营"五位一体的校园足球立体化发展格局。在相关政策引导下,校园足球管理、培训、竞赛等方面取得一定成绩,但政策执行上仍然存在一系列问题。因此,如何克服校园足球政策执行中存在的沉疴与顽疾已成为校园足球发展中的重要议题。我国校园足球政策执行过程中存在以下主要问题:

第一,政策目标存在差异。自 2009 年国家体育总局与教育部联合下发《关于开展全国青少年校园足球活动的通知》,到 2013 年两部委联合出台《关于加强全国青少年校园足球工作的意见》,再到 2015 年六部委联合颁布《关于加快发展青少年校园足球的实施意见》,在政策制定文本中出现不同程度的政策目标不一致问题,在政策执行过程中,由于体制性障碍和政策理解性误差,各部门政策执行侧重点存在不同。教育系统力图通过校园足球提高学生体质,突破学校体育改革瓶颈。体育系统则希望夯实足球人才根基,完善后备人才培养体系,致使我国校园足球政策执行目标存在差异。

第二,政策执行资源紧缺。我国幅员辽阔,东西部之间、南北部之间、大小城市之间都存在不同程度的经济发展差距,校园足球发展中的经费来源很大一部分是由地方财政自我筹措的,中央专项经费只能提供小部分的扶持,所以,多数经济发展欠发达地区的校园足球发展中,存在专项经费捉襟见肘的情况,进而影响相关政策的落实与推进。此外,在校园足球发展中,市场机构与社会组织参与其中的政策环境还未形成,许多市场机构无法通过合理方式投入校园足球市场,更无法进行资源优化配置的市场化运作,并获取相应的经济利益,这也造成校园足球政策执行资金来源渠道单一,自身造血功能不足的问题。

第三,政府行政过度干预。在我国,校园足球活动是由国家体育总局等政府部门发起,政策执行机构也将校园足球视为一种政府行为。许多地方部门在执行校园足球政策中存在不同程度的"政绩观"导向。为了谋求校园足球人口的快速增长,地方上出现了大规模学生参与的"足球操"活动;为了完成校园足球政策要求的"开展校内联赛,班班有赛"的任务,许多学校出现了"一班全年一场比赛"的政策敷衍行为;更有甚者,为营造校园足球发展的空前盛世,举办"百校联赛""万人足球舞"等足球活动,校园足球成为一种形式足球、政治足球。这种行政主导的政策执行方式在校园足球活动开展初期是有一定积极作用的,但长远来看,行政的过度干预必然导致校园足球发展的不可持续性。

那么,如何优化我国校园足球政策有效执行的路径呢?第一,推进政策目标重新定位。校园足球政策目标定位应呈现出"普及""强化""育成"等多元化特征,即校园足球不仅要培养身心健康、全面发展的青少年,也要注重发现、选拔和培养足球苗子,更要形成高水平的、行业认可的后备人才培养体系;第二,拓宽政策资金来源渠道。打破校园足球政策资源严重依赖政府的困境,大力引入校园足球社会组织与市场机构的参与,通过经费配套政策,减税、补贴等政策手段制定合理化的政策吸引市场机构投入校园足球,满足市场机构的经济利益,形成"政策引导、政府扶持、市场培育、社会参与"的长效投入机制;第三,转变政策执行方式。从校园足球发展阶段性特征来看,校园足球发展初期,政府可以通过强制的行政方式,借助教育、体育等部门的公权力来贯彻落实政策内容与精神;成熟稳步时期,政府应逐步减少行政干预,提升市场机构和社会组织等在政策执行中的作用,逐步实现校园足球政策执行方式由"行政"向"治理"转变。

第五章　校园足球发展的路径分析

第一节　校园足球发展与中国"足球振兴"

1. "低龄上路"的理念提出

　　程志理主编认为,"低龄上路"的足球发展理念要引起重视。幼儿足球是校园足球的一部分,校园足球在足球项目生命体中,应该处于优先发展的阶段,而学前阶段基本就被忽视了,而这一时段正好是孩子玩足球的很重要的阶段。从足球技术本身来讲,它是凸面对凸面的运动,要在方向、路线、力度、旋转和落点等方面达到一定的准确度,难度较大。因此,这就更加凸显运动训练早期有效性的重要性。身体认知与脑认知是不一样的,前者最大的特点就是默会性的东西较多,而这些默会性的认知又是在体育活动的情景中形成的。可以说,孩子在玩球的过程中,自然完成了足球的攻防转换。这样孩子就在游戏中建立了身体认知的范式,很好地形成了足球早期练习的有效化。这才是邓小平谈"足球从娃娃抓起"的真正要义。从教育的角度来看,校园足球可拉伸的空间不多,这种情况下,只能将校园足球发展的基点落实到学前教育阶段,以便早期足球有效训练窗口的建立。

　　"低龄上路"的衔接就是幼儿、小学乃至中学足球联赛的建立。那么如何建立呢? 首先,要解决幼儿体育的师资问题,还要鼓励社会有关机构多举办幼儿足球赛事,建立起校园体育中的幼儿足球赛事体系。校园足球联赛要培养孩子们观看比赛的仪式感,丰富孩子的课外生活,进而引发孩子对足球的热爱和兴趣。

2. 足球发展的根基分析

程志理主编认为,足球发展的根基就是孩子的参与性。我们发展足球要有正确的理念,要克服文明认知障碍,坚决不能以教育的方式来教孩子足球。原因很简单,足球技艺的生成是内生性的,一定是在游戏的参与中建立起来的,不是教出来的。

实际上,中国足球的发展,归根结底是文化的问题,需要运动项目发展的氛围。有一种说法认为,美洲是欧洲殖民地,自身民族文化不够强大,相对容易被欧洲教育文化思潮同化。而中国许多文化观念根深蒂固,难以发生改变。那么,我们如何创造、改变,让足球适应中国的传统文化就成了核心问题。路云亭认为,中国足球的发展最好是"自然野生"发展,而不应该过度干预。如果中国足球短时间想要发展,就要人为干预,尽快改造中国传统文化生态,创造出适合现代足球发展的良好环境。吴骓认为,我们更应该把足球看作是一种游戏,一种生活方式,国家发展足球、研究足球规律,就要把所谓的文化意义剥离、去除,而不是放大文化对足球的塑造作用。

3. 足球振兴的多元思考

中国足球,为何几十年努力还在低水平徘徊? 李平认为其主要原因是中国没有跟得上世界足球技术发展水平,长期处于低水平重复的状态。我们要改变训练理念、完善职业联赛,到国外俱乐部踢球,以期建立起好的足球技术系统。她与吴骓建议国家选择某个区域作为足球特区。程志理主编倡导球员要去国外的俱乐部踢球,将自我融入高水平的俱乐部里。路云亭认为,俄罗斯世界杯中欧洲足球都在打人种多元化的牌,这是不是就是受到了巴西足球的影响。受这个启发,中国足球也可以归化一部分其他人种的球员。其次,中国足球的振兴要理清思路,搞清楚中国足球到底要走什么样的路子,要确定好学习的对象,不能时而匈牙利、巴西、法国,时而又日本、德国。从人种和文化的角度来说,中国并不适合学习欧洲和南美的足球强国,可以借鉴日本足球的发展经验。在学习的时候,应该注重中国本土化的问题;再次,中国足球要讲战略,不要三五年,而要长远考虑,不要原地踏步或者重走老路;最后,中国足球要重视足球在生活中的作用,要重视青训的地位。

阿根廷就是家族式足球的典型代表,西班牙巴萨也是靠家族式吸纳会员。这种家族式的样板说明了足球是人们重要的生活方式。欧洲现在搞足球青训,每个青训基地都有不同的训练方法,而不是教科书模板式样的套用,应该根据年轻球员的具体特点进行训练。张震也认为,在亚洲,日本和韩国的很多青年球员都是在欧洲接受的训练,长期在欧洲比赛,其青训体系一直比中国更"欧洲",中国还是现代足球圈外的人,偶尔也许能出几个天才球员。那么如何在现有条件下,实现中国足球的振兴发展呢?任慧涛认同笔者提出的"足球专业化发展"解决思路,这是我国之前竞技体育跨越式发展的根本原因,是升级版的"举国体制"发展战略,是有可能短期迅速提升我国足球战绩的方法。但新的足球专业化发展其实有两个潜在的假设前提:首先,全球各个国家足球水平之间有显著差异。其次,我国足球专业化发展的训练体系一定是"专业主义至上"的,让最优秀的足球专业教练员和训练师完全负责训练和比赛机制的设计。

第二节 校园足球生长点分析:
从"足球登场"到"幼儿踢球"

程志理:我分为两个部分来谈足球。第一个是足球如何登场,第二个是足球如何未来成长。在我看来,"足球登场"是中国人对现代体育的理解,是对时代的呼应。中国目前处于体制转轨时期。体育转轨是具有中国特色的,不同于西方体育的自然生长、生成,具有较强的人为性,是中国人改造现代体育的独特方式,这一点在中国足球改革上体现最为明显。从方法论上来看,体育是观察国内与国外局势很好的视角,本身也是研究历史很好的方法论。这就给我们一个启示,我们应该把足球从生理层面上升到社会文化存在形式,这是研究足球很好的方式,也是足球登场的重要学理依据。

为什么提出足球现代性,这与"足球登场"也是密切相关的。足球作为现代社会发展表征方式,是与体育本体属性相关的。足球是工业文明的产物,工业文明最大的好处就是解放了劳动力,人的余暇时间增多。如何度过余暇时间,英国人就发明了足球。大航海时代,足球经过西班牙、葡萄牙传到了南美,后遍及世界各地,足球成了全世界各个国家都喜爱的运动,足球就有了"足球是我的"属性。当"足球是我的"变成"足球是我们的",这时候,国家民族利益价值观就消解了,唯独剩下足球。这就是现代体育的价值,体育成了消解国家民族利益、意识形态分歧最好的方式,是人类共同的文化财富,从此走向人本。所以,中国人搞足球意义特别重大,即"足球登场"是符合国际潮流的,足球也必将成为中国人的核心运动方式。

体育作为社会文化存在方式,参与了社会文化构建,其构建方式有两种,一种是作为工具理性存在意义,一种是作为本体存在意义。我们从工具的意义上回答体育在国际交往上的价值,同样可以从体育本体属性来理解。今天,中国对足球的理解还存在认识论上的分歧。中国人有强大的宏达叙事奥运情结。足球作为商业文明最好的方式,作为具有观赏价值的看台文化,其最大的价值就是工具属性走向本体特征,回到了游戏作为存在状态的人本,这就回到文化上去了,人就成了文化意义上的人,完全可以消解大型运动会的情结。在我看来,这也是"足球登场"的重大意义。

第二个,足球如何发展。中国足球要只争朝夕,但绝不能以违背运动规律的方式来发展足球。足球与其他运动项目都一样,都有其技艺发展过程。中国人重视足球,历代领导人都很关心,为什么足球搞得不好?就是没有回到足球运动项目生命体的成长史上来,都注重外在条件和因素的作用。所以,我就回到足球运动生命体的起点"儿童足球"来谈。我从人语言习得性上来看足球的发展,就如同儿时的乡音是融在人的骨子里,遇到一定的情景就会说出方言。足球亦是如此,儿童时期的发展特别重要,是足球动作形成的有效窗口。一旦错过,足球技艺很难有所生长。足球运动中基本上是凸面对凸面,这就导致在所有的球类项目中,其技术要求是最高、最难、最复杂的。足球体型特征与足球技术的联系不存在正相关,这也是我们认识足球的一个误区,所以我们经常会搞体能测试,引起了足球训练上的偏差,导致一代代球员毫无建树。其实,中国人很适合踢足球,中国在体质人类学上的特征与南美人相近,不应该踢不好足球。

足球的复杂性导致了足球的生长要有持续沉淀的过程。我们总认为足球是个进攻的艺术,其实,足球是控制的艺术。南美球员与欧洲踢足球完全是不一样的,区别在控制上。踢什么样的球才是有效的进攻,就是控制好球。因为攻防关系中,球员彼此之间不能保证传球有效,所以最好的方式就是控制球。足球存在复杂的、繁复分化的控球能力,这种控球能力具有"一体两分"的两个方面:"能量操作"和"应对操作",同时,技艺还存在战术属性。以假动作为例。假动作是训练的,是动作技术的一部分。单独训练假动作,为了假动作而假动作,形不成流畅性的进攻,既浪费能量又被很快被判罚。好的假动作一定不是表演性的,一定是动作进攻中的一个部分,是真实动作不可缺少的环节,是真实情景的动作表达。这就区分出能量操作和应对操作。所有好的训练都是运动情景中完成的。中国幼儿足球中很多训练都是支离破碎的,脱离了技术发展要求,构不成好的运动情景,基本上是无效的。足球是主体人的运动行为,必须回到主体里边研究,不能抽离出来,要在运动情境中把握足球运动生命体特征。我们必须重新思考足球训练体系的科学性,重新理解足球。所以,我建议中国足协应该启动儿童足球的"精细"研究,唯有如此,才能对中国足球迈向世界巅峰,也对丰富世界足球学术史,做出不可磨灭的实质性的重大贡献。

王凯珍:发展幼儿足球,其理念是对的,也是中国足球振兴的必由之路。从目前的足球系列政策来看,绝大部分政策是把校园足球列入体育教学内容。2016年4月6日,国家发展改革委、国务院足球改革发展部际联席会议办公室(中国足球协会)、体育总局、教育部联合下发了《中国足球中长期发展规划(2016—2050

年)》,其中提到了"深化足球教学改革,形成内容丰富、形式多样、因材施教的青少年校园足球教学体系。制定校园足球教学训练指南,开发校园足球网络课程并免费开放。将校园足球骨干教师纳入中小学幼儿园教师国家级培训计划等培训项目,对 5 万名专兼职足球师资进行培训"。很少有人注意到文件中"纳入中小学幼儿园教师国家级培训计划"这句话。与之呼应的是,2018 年全国娃娃足球工程宣传月活动在全国同步启动,这就从源头上达到了扩大足球人口的目标,从幼儿园中班就要开始抓足球。

中国开始越来越重视幼儿足球了。德国专家预测中国进入世界杯决赛的时间可能是 2030—2034 年。我们往回推,就会发现进入世界杯的这批球员大都在幼儿园阶段。在我看来,德国人这句话意在表明中国足球发展战略要指向"幼儿足球",要面向儿童,广泛选材,特殊渠道,特殊位置,特殊培养,走短平快的发展路径。幼儿足球要发展,离不开幼儿体育的发展。这几年,幼儿体育事业火了起来:官方、民间各种幼儿体育协会、幼儿体育赛事纷纷举办;从国家到各省市,不同主体、不同层面各种幼儿体育的培训班,如雨后春笋般涌现出来;各种幼儿体育教材、绘本、器材、用具也日渐丰富起来。近年来,很多幼儿园采用了强行介入和先进后考的方式,开始招募更多体育专业教师从事幼儿体育教学,拓宽了师资来源渠道。幼儿体育热起来以后,幼儿足球就切实贯彻了足球从娃娃抓起的理念。从目前幼儿体育项目热度排行榜来看,排在 1—4 位的分别是棋类、足球、篮球和游泳。棋类火的主要原因是体育、教育、文化三个部门都在办这项赛事,其余 3 项大都是体育部门举办的。由此可见,幼儿体育工作的有利抓手仍然是足球。

幼儿足球要注重物质文化和行为文化的培育。足球的行为文化主要包括价值取向、行为方式和行为环境,这三者在幼儿足球教育中都有或多或少的反映。良好的足球行为文化能够起到规范、导向作用,通过看、听、玩、学、练足球等多种方式,都会对幼儿发展起到或潜移默化或直接性的影响作用。目前,幼儿体育的商业机构、协会和幼儿园,其开设的特色课程、特色活动大同小异。在幼儿足球教育推进过程中发现一些问题。第一,幼儿足球专项教学的成人化现象突出。幼儿足球教师教学规范,但游戏化程度不够。教师教学的目标、方法、语言都应该适合3～6岁的孩子。第二,动作学习形式化。幼儿对足球文化的认识和理解不够,就只能简单的模仿足球动作。机构培训要客源,私立幼儿园要招生,幼儿园和很多机构就热衷于表演、拍视频搞宣传,这样就成了团体操类型的教学。这种过于功利化的商业追求,一定程度上造成了孩子兴趣的丧失,也造成了幼儿足球教学中的形式主义。我们应该是理解性和针对性的幼儿足球教学。第三,千篇一律模式化。这样就造成了"吃不饱"和"吃不了"的现象并存。幼儿足球教学个性化不足,幼儿参与化不足,既忽略了通过足球练习适宜的提高幼儿生物学和精神潜力的行为价值取向,也忽略了幼儿足球意识、足球兴趣、足球基本动作的学习,与足球文化的真正内涵相去甚远。

就以上问题,我提出了以下解决策略:第一,课程目标设置一定要适合幼儿,要围绕足球行为文化,体现足球价值取向。第二,课程内容也要聚焦足球行为文化。第三,课程实施要培育足球行为文化,这里要强调幼儿教师的主体性作用,要具备学前教育知识,熟悉幼儿身心认知特点,还要有较高的足球文化素养和足球技能。第四,幼儿特色课程开展方式要多元化,要有晨练、教学、比赛、亲子活动等多种方式。

第三节　校园足球发展的具体路径分析

校园足球从全国来看是顶层设计,从每个学校来看也是系统工程。谈及校园足球的发展无外乎领导重视、加强师资、保障到位等,但是,十年如一日的能够不忘初心,决定是一阵风还是及时雨。其实,中国不缺发展足球的手段,缺乏的是耐心和平常心。具体来说,校园足球工作的开展有没有共性的一面呢?2016年7月31日,世界名校足球赛在清华大学东大操场拉开帷幕。世界名校足球赛的另一项重要活动是举办"世界名校校园足球发展研讨会",各国代表在研讨会上的发言,也能看到校园足球活动开展的一般性经验总结:

表 5-1　清华大学体育部主任刘波教授微信公布的会议内容总结

学校代表	经　验
北京大学代表	①北大很早就开展足球,第一支足球队建于1911年,目前有两支男足一支女足;②中国必须开展校园足球,一个重要原因是足球场主要在学校里;③开展校园足球不仅仅为了提高中国足球水平,更是为了青少年的教育。
中国人民大学代表	①古代足球始于中国,现代足球始于英国,所以交流研讨很有意义;②人大足球队建于1990年,男队水平较高,曾取得好成绩,目前正在恢复过程中;③如何解决学训矛盾是比较大的问题;④高校发展足球具有导向作用。
清华大学代表	①清华很重视足球教学,男生女生都有足球课;②足球队建于1912年,曾经取得过较好的成绩,近两年重新恢复招生;③校园竞赛蓬勃开展,马约翰杯、五人制联赛、班级足球赛、清超联赛等;④中国足球发展研究中心2013年成立,做了大量网络教学和科研工作;⑤清华希望通过举办有影响力的活动创建校园足球文化,带动校园足球的开展,继去年成功举办中国足球论坛后,今年又举办了世界名校足球赛,这两项活动得到了中国足协和全国青少年校园足球领导小组办公室的大力支持,清华将把这两个活动继续办下去,成为传统,成为品牌。
剑桥大学代表	①开始接触足球年龄很重要;②好教练+完善的联赛=好的足球队;③精神、身体、技术、战术是足球最重要的四个方面,不同年龄的侧重点不同;④踢好足球最重要的是"头脑中的东西",也就是要培养人;⑤教育和足球不能分开,在英国,足球是激励学习的最好手段,因为所有的孩子都想成为职业球员;⑥要从小让孩子们沉浸在足球文化中。
牛津大学代表	①重要工作是组织学院之间的联赛,每个学院都有2~3支男足、1~2支女足;②只要参加与剑桥的足球赛就可以得到奖章,是一生的荣誉;③比赛机会很多,3~4支队参加大学联赛,与剑桥的比赛,校内联赛,争取让所有的学生都有机会比赛。
南加州大学代表	①主要采取俱乐部的方式,各个运动项目都可以成立俱乐部;②美国大学体育竞赛分不同级别(即NCAA的联盟分级);③美国的高级别联赛与教育分离,有很大问题,也想学英国,建议中国也应该学欧洲和英国。

续表

学校代表	经　　验
墨尔本大学代表	①澳大利亚足球发展的结构与欧美不同,没有大学联赛,因为面积太大,大学太少;②大学直接参加地区联赛,职业业余一起踢;③足球不是澳大利亚最流行的项目,水平也不是很高,所以大学不可能单独来开展足球,要和社会结合;④教练很重要,但场外的组织同样重要,所以要让学生更多参与组织。
香港科技大学代表	①校园体育由学生事务处来管理;② 足球是男生最喜欢的项目,学生每周可以免费使用两次足球场;③学校开设足球课;④建校第二年(1992年)就成立了足球俱乐部,负责组织各类比赛;⑤过去二十多年只有两次参加了校际联赛,所以水平不是很高(还有一个原因是外援放假回家了);⑥ 参加本次世界名校赛是第一次参加国际比赛。

　　刘波教授比较认可英国的体制:浓厚的足球文化、先进的教育理念、完善的联赛体系,使得校园足球和职业足球都蓬勃开展。可以说,这也是中国校园足球参照、借鉴的路径,对我国校园足球的发展具有很大的启发意义。"1997年,英国足球总会开始实施终身特许计划,经过4年的发展,英国足球总会推出了英国足球历史上第一个全国性草根足球计划,该计划分为社区足球和校园足球两大部分。其中,校园足球总共有5个等级,分别为初级学校、初高级学校、中级学校、中高级学校和专业学校。中级学校和中高级学校的学生有机会进入标准高级俱乐部和标准社区俱乐部,并有可能成为职业足球俱乐部的青少年球员"①。我们注意一点,英国的足球学校跟我们的校园足球不是一个概念,根据罗文先生所说,我们学校里有足球代表队就称足球传统学校,而英国是所有的学生都踢足球的学校才称足球学校,类似于社会上的足球学校,带有商业的性质。这样英国的青少年足球基本上形成了"特许标准学校——特许标准俱乐部——社区足球俱乐部——职业足球俱乐

---

① 李霄鹏.英国:"特许"校园足球[EB/OL]. http://www.jyb.cn/world/zgsx/201412/t20141217_607715.html.

部"的发展路径和框架,实现了草根足球和职业足球更大范围的对接。而我国目前的路径依然为足球学校→体育系统体校→职业俱乐部梯队,而足球学校基本上与校园足球的关系不大,仅仅作为招生的接纳手段。

校园足球的发展要处理好校内外、生存与发展、锦标主义与身心发展的关系。2016 年,教育部发布了《关于公示 2016 年全国青少年校园足球特色学校及试点县(区)遴选结果名单的通知》,认定并命名北京市第五十四中学等 4755 所中小学校为"全国青少年校园足球特色学校",北京市海淀区等 31 个县(区)为"全国青少年校园足球试点县(区)"。成为足球特色学校是要有相应资质,足球教师、足球课程、足球竞赛、经费保障都要有相应的配套。但是,我们知道,足球特色学校要求三年级以上建有班级、年级的代表队,而学校的足球教师又是有一定数量的,这如何能够保证有质量的足球教学和竞赛呢? 很多学校为了缓解这个难题,开始雇佣临时的足球教师,以缓解师资不足,但仍然不能满足特色足球学校的需求。

实际上,足球特色学校目前仍然是一种功利性的心态,评上足球特色学校,就可以为学校争得荣誉;足球学校若不是功利心态,是一种政策的落实与呼应,仍然不会摆脱功利性的影响。足球特色学校更多的是发现足球人才,至于培养足球人才,还需要学校的教师必须有较高的青训水平。所以,从校外购买服务,或者是鼓励有潜力的足球苗子参与校外高水平俱乐部的训练,这才能达到校园足球培养足球人才的目的。大量的足球校园特色学校,更多的是用足球这种训练手段来培养、教育孩子,发挥其教育的功能,如果学校没有足够高水平的师资,也没有足球的教学时间,足球的教育功能也难以发挥。真正的好苗子必须纳入青训体系,这是学校难以解决的出口问题。清华大学附中为了解决这一难题,直接从韩国聘请了高水平教练组,让学生在学校就得到高水平的培训,这种做法是可取的,只不过是花费巨大,一般学校难以承受。校园足球的路径发展是很清晰地,充足的师资和场地、高水平的训练补偿体系,有好的进出接收体系,加上浓厚的校园足球文化底蕴,何愁校园足球发展不起来。但是,实际操作似乎又成了另外一个难题。

附录:有关校园足球政策的文件选编

《中国足球中长期发展规划(2016—2050年)》

一、发展基础

足球运动逐步发展。目前,我国经常参加足球运动的人数达到一定规模,球迷人数过亿。校园足球初步普及,联赛体系逐渐形成,每年比赛超过10万场。

······ ······

三、发展目标

(一)近期目标(2016—2020年)

强基层:校园足球加快发展,全国特色足球学校达到2万所,中小学生经常参加足球运动人数超过3000万人。

(二)中期目标(2021—2030年)

活力更强:校园足球、社会足球、职业足球体系有效运行,各类市场主体踊跃参与,足球产业规模有较大提高,成为体育产业的重要引擎。

四、主要任务

(一)构建制度体系

教育行政部门履行好校园足球主管责任,积极推动校园足球发展。

(二)培养人才队伍

大幅增加青少年足球参与规模。加强校园足球建设,把足球列入体育课教学内容,发展足球社团,培养足球兴趣,开展足球竞赛活动,不断培育足球爱好者和足球人才。增强学生、家长对足球的认同感,支持学生课余、校外参加足球活动。以市场化、社会化为导向,构建多渠道、多形式人才发现和培养机制,不断增加足球人才后备力量。显著扩大教练员、裁判员队伍。提高体育教师的足球教学水平,发展足球专业教师队伍,培养学校足球教练员、裁判员。

······ ······

专栏2 "十三五"校园足球普及行动

深化足球教学改革,形成内容丰富、形式多样、因材施教的青少年校园足球教学体系。制定校园足球教学训练指南,开发校园足球网络课程并免费开放。将校园足球骨干教师纳入中小学幼儿园教师国家级培训计划等培训项目,对5万名专兼职足球师资进行培训。建立健全校园足球竞赛体系,实施全国校园足球四级联赛制度。完善考试招生政策,激励学生长期积极参加足球学习和训练。支持建设一批校园足球特色学校和试点县。

(三)建设场地设施

加大校园足球运动场地建设力度。每个中小学足球特色学校均建有1块以上足球场地,有条件的高等院校均建有1块以上标准足球场地,其他学校创造条件建设适宜的足球场地。提高学校足球场地利用率,加快形成校园场地与社会场地开放共享机制。

······ ······

专栏4 "十三五"足球场地设施重点建设工程

全国修缮、改造和新建6万块足球场地,使每万人拥有0.5—0.7块足球场地,其中校园足球场地4万块,社会足球场地2万块。

······ ······

(四)丰富赛事活动

广泛开展校园足球活动。开展以强身健体和快乐参与为导向的校园足球比赛。以增强学生体质和意志品质、普及足球知识和技能、培养足球兴趣爱好为目的,举办多种形式的校园足球活动。逐步健全高校、高中、初中、小学校园足球四级赛事,科学、合理、适度组织竞赛活动。注重区域等级赛事、青少年赛事、校园足球赛事的有机衔接,逐步实现竞赛结构的科学化。

五、配套政策和保障措施

(一)财政和金融政策

引导保险公司根据足球运动特点开发职业球员伤残保险、校园足球和社会足球人身意外伤害保险、足球场地设施财产保险等多样化的保险产品,鼓励企事业单位、学校、个人购买运动伤害类保险。

…… ……

(三)税费和价格政策

鼓励企业和社会力量捐赠足球运动服装和器材装备,支持校园足球和社会足球发展,对符合税收法律法规规定条件的捐赠,按照相关规定在计算应纳税所得额时扣除。

(四)人才和就业政策

建立和规范运动员、教练员、裁判员等人才注册制度,理顺球员培养补偿和转会机制,推动与国际通行规则相接轨。加大足球从业人员培训力度,将校园足球教师、社会足球指导员、足球教练员的专业技能培训,按规定纳入教师培训、全民健身、技能人才培养、就业培训等专项范围。鼓励社区、企业等设立相应岗位,吸引退役运动员、教练员从事社会足球指导工作。通过购买服务、特聘教师等方式,聘请退役运动员、教练员参与校园足球发展。通过职业培训和创业培训,支持退役运动员从事足球相关产业工作。

《青少年足球"十二五"发展草案征求意见稿》

青少年足球的发展是我国足球可持续发展的"基石"和源头。开展青少年足球工作主要完成两大目标:一是抓好普及,扩大规模;二是培养人才,提高水平。为振兴中国足球运动,尽快提高我国足球运动整体水平,中国足球协会特制定中国青少年足球"十二五"发展方案,推动青少年足球运动有序、健康发展。

一、面临的形势

(一)青少年足球的现状和问题

目前,我国青少年培养基础严重萎缩,后备人才青黄不接。在职业化改革初期,足球项目脱离体育局的管理,进入市场,初期的虚假繁荣带动了青少年足球的活跃,俱乐部建立三线队,足球学校、业余俱乐部等各种形式的青少年足球组织纷纷建立,1990 年至 1995 年间,我国青少年参与足球项目的数量达到历史最高的 65 万人,1996 年至 2000 年间为 61 万人,2000 至 2005 年急剧下滑到 18 万人,从 2006 年开始至 2008 年更呈现出逐年下滑的趋势。

2000 年以后随着职业足球各种问题的出现,媒体负面炒作加剧,环境恶化,加之各地方体育局弱化对足球项目的直接管理,原有的业余体校为主体的青少年培养体制坍塌,新的职业化体制下的青少年培养体系未能有效建立;俱乐部重视一线成绩,忽视后备梯队投入;足球在制度设计上缺少青少年足球运动员出口、渠道不畅;这些因素导致全国青少年足球基础严重萎缩,接受足球培训的青少年人数急剧下滑,优秀足球人才越来越少,青黄不接,青少年注册人数下降到目前的不足 7000 人。足球学校由最多时的 4000 多所,下降的目前的 20 多所。

青少年足球人才数量和质量的不断下降的趋势,是导致国家队与职业联赛水平长期徘徊不前的重要原因。从总体上看,我们在过去几十年中形成的以政府体育部门为主导的青少年足球后备人才培养体系已岌岌可危,而新的模式又没有成型。根基不牢,严重制约了中国足球的生存和可持续发展。后备人才的极度匮乏,更是中国足球目前面临的最大危机。

(二)产生原因

出现目前这种局面,原因是多方面的:

从指导思想上看,我们在进行足球职业化改革的初期,忽视了继承原有的举国体制的后备人才培养体系,简单地把青少年后备人才培养的任务交给市场和社会,导致原有的培养体系迅速萎缩,致使中国足球失去了培养青少年人才的最为重要主渠道。目前国内大多数职业足球俱乐部作为市场主体还远未成熟,难以承担起培养青少年足球后备人才的责任,真正做到长线、系统地抓青少年后备人才培养的俱乐部屈指可数。

从发展思路看,多年来我们对于学校足球,没有给予足够的关注与必要的扶持。这在客观上造成了青少年足球的普及面得不到拓展,足球人才的金字塔基严重萎缩。更为重要的是,我们没有把保证青少年运动员的学业质量上升到战略高度,这不仅造成了青少年乃至成年球员整体素质偏低的现状,也有悖于教育规律和足球人才培养规律,直接造成了家长对孩子未来出路担忧,从而影响到青少年参与足球的人数和人才的质量。

从市场行为看,由于足球市场环境发展的不规范,行业监管、法律约束的缺失,俱乐部和各类足球学校不可避免会产生不规范的市场行为,特别是青少年培养以牟利为目的,不仅使多数家长对孩子参与足球失去信心,也使社会资源对青少年足球的投入望而却步。近年来,职业联赛的一些混乱现象和球市的萎缩,更使家长对孩子踢球的前途担忧,直接导致青少年参与数量急剧下降。

总结上述原因作为公益事业的青少年足球发展应由政府主导,政府主管部门管理,在政策上给予支持、在工作上给予指导、在经费上给予投入。

目前我国足球后备人才培养环境,除了踢球人数少、年龄虚假问题严重、专业人员缺乏、场地、资金不足等问题外,还面临应试教育环境、重文轻武传统思想、独生子女现状等社会因素,这些都制约了我国青少年足球后备人才的发展。当务之急,切实建立健全青少年足球人才培养体系是振兴中国足球、尽快提高我国足球发展水平的必然选择。为此,明确青少年工作未来的发展思路和方向,明确青少年工作的指导思想,确立我们工作的目标,制定我们工作任务极有必要。

二、指导思想

在未来五年中,我们开展青少年足球工作的指导思想是"以科学发展观为指导,坚持政府主导、积极动员引导社会力量参与;坚持以人为本的方针,体育与教育相结合,普及与提高相结合,培养德智体美全面发展的优秀青少年足球后备人才;

坚持立足长远面向未来,推动我国青少年足球运动全面、稳定、健康、持续发展。"

三、发展思路

青少年足球发展,必须从实际出发,实事求是,与时俱进,遵循青少年足球后备人才培养规律,推动普及与提高相互促进、相互包容、共同发展。一方面通过广泛开展校园足球活动,在广大青少年中推广普及足球运动,培养他们的兴趣和爱好,使其成为终身受益的健身方式。另一方面要恢复、完善人才培养体系,在体教结合中,科学选材,严格训练,加快提升青少年足球运动竞技能力水平,推动我国足球整体运动水平的提高。

(一)从宏观角度看,在未来五年中,应根据我国的社会发展状况,足球事业发展的总体设想,结合青少年足球运动发展的具体情况,运用政策杠杆和经济杠杆,行政手段和宣传手段,加强对青少年足球工作的宏观调控力度,引导青少年足球运动从整体上向着蓬勃、有序、健康的方向发展,为提高我国足球运动水平打下坚实的基础。

(二)从目前形势看,教育系统是普及青少年足球运动不可或缺的主体,在未来五年中,我们要从根本上改变当前青少年参与足球人数急剧萎缩的局面,为培养高质量人才铺垫雄厚的基础,一个核心工作就是要继续积极与教育部门密切合作,大力发展校园足球,从而夯实青少年足球人口的金字塔基,在整体上提高后备人才的素质。

(三)从发展方向看,青少年足球运动乃至青少年体育运动的发展,应由政府来主导、政府主管部门来管理。在未来五年中,我们应积极大力推动各地政府体育、教育职能部门对青少年足球运动发展的管理和支持。

(四)从战略目标看,在未来五年乃至十年,我们应根据自身的发展状况,借鉴世界足球强国的成功经验,建立起一套完整的、符合国情的青少年足球人才培养体系,培养出优秀的青少年足球人才。

四、发展目标

(一)总体目标

在未来五年中,逐步实现体育与教育相结合,普及与提高相结合,使多元化的培养途径互相支持、优势互补、资源共享、互利共赢,共同构建可持续发展的青少年足球人才培养体系,从而推动青少年足球运动整体水平的提高。

(二)具体目标

1. 完善机构设置和运行机制

充分发挥全国各省、市、区体育系统青训管理部门、教育系统学校体育管理部门的作用完善各级青少年足球运动的事业管理。以各级政府主导,体育系统、教育系统、社会系统相结合,明确各方职责分工,完善管理制度,协调运行机制,为青少年足球有序发展提供组织保障。

2. 完善制度保障和奖励机制

推动体育部门和教育部门相互协调,在现有政策法规基础上,共同制定并逐步完善激励政策和奖励机制,为青少年足球运动的发展创造有利的政策环境并提供制度保障。

3. 完善青少年足球竞赛体系

积极配合和支持教育系统建立小学、初中、高中、大学四级足球竞赛体系,搭建青少年足球运动在各级校园普及和开展的基础平台。

建立全国青少年足球联赛和训练营,在省市、大区和全国三级联赛和训练营中,搭建普及和提高相结合的平台。同时以有效的措施和奖励政策,鼓励各单位培养后备人才的积极性,避免急功近利行为。

充分使用全运会、城运会的竞赛杠杆和激励政策,激励地方体育局培养高水平后备人才的积极性。

4. 建立青少年足球业余训练网点

积极推动青少年足球业余训练网点的建设。

5. 大力开展青少年教练员培训工作,切实加强青少年教练员人才队伍的建设。

以建设高水平教练讲师团队为核心,以等级教练员培训和继续培训为载体,加强青少年足球教练队伍建设,为青少年足球的未来发展积累雄厚的师资基础。

6. 努力扩大资金投入

以各级政府体育主管部门的财政投入为主,同时积极引导社会力量参与青少年培养,并借助市场拓宽资金的来源渠道,从而为青少年足球发展提供稳定的资金保障。

7. 为青少年足球活动提供更多的场地

要充分利用各地体育局和教育部门专用体育场地和社会公共体育场地为青少年足球活动服务,并推动各地省、市体育局和会员协会与当地政府有关部门合作,为青少年足球的开展提供更多的场地,特别是为业训网点提供固定的训练场地。

8. 加强青少年足球发展的文化环境建设

全面贯彻落实《关于进一步加强运动员文化教育和运动员保障工作的指导意见》的各项措施要求,同时加大对青少年足球运动的宣传,塑造阳光形象,为青少年足球创造良好的文化和舆论环境。

9. 建立可持续发展的青少年足球人才培养体系

在未来五年内,逐步建立充满活力、多元化、可持续发展的青少年足球人才培养体系。教育系统、省市体育局和协会、各级职业俱乐部、中国足协,作为 不同的培养主体分别主导普及推广、培养人才、提高水平、竞技成绩几个主要方面的工作,初步形成一个多渠道、多层次、相对完整并可持续发展的青少年足球后 备人才培养体系。

五、工作任务

在未来五年中,体育系统(中国足协、省市体育局和会员协会)、教育系统和社会系统(职业俱乐部和业余俱乐部)应分工合作、互相支持、优势互补,共同推动青少年足球运动的发展。

(一)体育系统

1. 中国足协

(1)积极配合教育部门继续推动校园足球的发展,努力扩大足球爱好者队伍。

协助教育部门负责竞赛管理和组织,相关人员培训和业务指导。

(2)推动地方体育部门和会员协会建立和完善青少年足球业余训练体系。分阶段选择 10 个试点省、市,在 3 年内逐步建立不同形式的业余足球训练示范网点。

(3)积极规范各职业俱乐部的青少年梯队建设,努力通过 2－3 年建立职业俱乐部青训中心的制度。

(4)建立并逐步完善青少年足球竞赛体系,为青少年后备人才提供相对系统的竞赛环境并得到充分的锻炼机会。

在现有青少年校园足球城市联赛基础上,支持和协助教育部门完善小学—初中—高中—大学学生四级竞赛体系。

合理安排市运会、城运会、省运会、全运会的足球比赛年龄段设置,保证各年龄段运动员,都可以参加相应级别的竞赛,努力使各支队伍每年可参加不少于 30 场的竞赛。

建立青少年注册系统。严厉打击虚假年龄,建立资格审查机制,在各级年龄段比赛中,对弄虚作假的行为不仅要按规定处罚当事者,还要追究所属单位责任。从而逐步完善青少年足球人才注册制度。

(5)推动青少年足球保障体系的逐步完善,为青少年足球运动的发展,提供制度、资金、人员培训、场地设施等全面的保障。以政府为主导,在充分挖掘和提高利用现有社会、体育和教育部门场地使用率的基础上,会同政府其他部门充分利用城市空间和绿地合理修建成足球场地。

(6)建立规范的青少年足球教练员的培训体系。完善专项教练员、讲师培训及使用制度。聘请足球发达国家的足球讲师来我国进行讲师培训;全国各级教练员每年均应义务承担一定时数的青少年培训工作。

辅以"每周竞赛"的竞赛体系建设、"精英教练进校园""高水平教练下基层"的制度性措施,为青少年教练人才的培养工作和执教能力的提高营造"练赛有机结合"的成长平台,提供高质量的技术支持。

在开展青少年足球和校园足球活动中,严格执行持证上岗和继续培训的执教资质管理制度,确保具备足球执教才能的人走上青少年足球教练岗位。各级国字号青少年队伍的主教练必须持有职业级教练证书(或为当年职业班学员),助理教练至少持有 A 级教练员证书(或为当年 A 级班学员)。

(7)积极推进《青少年足球教学训练大纲》制定并实施,体现针对性、实用性、指导性。根据青少年身心发展规律及足球专项技能形成规律,层级细化各年龄段的训练原则、内容和方法,并配套训练指导丛书。

(8)坚持"走出去"与"请进来"的方针,积极开展国际交流,选送优秀的青少年足球教练员到国外进行培训,选送优秀的运动员到国外进行训练和比赛,同时邀请国际高水平的教练员到国内授课,邀请优秀的国外青少年球队到国内交流。

(9)大力加强运动员的文化教育工作。全面贯彻落实《关于进一步加强运动员文化教育和运动员保障工作的指导意见》的各项措施要求,坚持体育与教育相结合。

(10)逐步建立青少年足球发展评估体系和奖励机制。对各地方体育局和会员协会的青少年足球开展情况进行评估;对开展情况好的单位给予表彰和奖励,并作为优秀会员协会的主要评定标准。

2. 省区市体育局和会员协会

(1)应充分发挥在组织建制、人员、资金、场地设施等方面的资源优势,为各地青少年足球运动的发展,在资金投入、设施建设、人员培训方面制定专门的制度和措施,从而形成青少年足球后备人才培养的保障机制。

(2)五年内,逐步在开展足球项目的省、市、区、县建立不同组织形式的多级业余足球训练网点。

(3)五年内,逐步在开展足球项目的省、市、区、县建立多级各类青少年足球比赛。

(4)以全国青少年各类足球竞赛为基础平台,为省、市、国家各级青少年队伍培养优秀的足球后备人才。

(5)与教育系统充分合作,大力推动所属地区青少年校园足球活动的开展。

(6)积极举办和参加国际、国内青少年赛事,开展青少年足球交流活动。

(7)积极开展所属区域青少年教练员、裁判员、指导员和管理人员的培训和再培训。

(8)对所属地区开展青少年足球运动的情况进行评估和奖励。

(9)努力扩大与国际足球组织联系,有计划地选送优秀教练和有潜质的球员赴世界足球强国学习和培训。

(10)严格执行《青少年足球教学训练大纲》内容的实施和正确使用配套训练指导书,科学训练,尽快提高青少年球员的水平。

(二)教育系统(待与教育部门沟通后明确)

(三)社会系统(各级职业俱乐部和业余俱乐部)

(1)努力加大社会业余俱乐部普及与开展,充分利用社会各方面的参与和支持,扩大足球人口,提高中国社会足球的整体水平。

(2)寻求与社会公益性单位合作建立"青少年足球发展基金",为青少年足球运动的普及与开展提供更有力的资金支持。

(3)在现有青少年竞赛体系的基础上,积极推动社会系统系列竞赛。

(4)积极推动全国城市联赛的发展,鼓励社会各界办赛,扩大足球人才的出口。

(5)充分发挥体育专业院校的优势,建立一支理论研究和科研应用相结合的团队,全面提高青少年足球运动的理论和科研水平。

(6)逐步建立完善职业俱乐部的青少年培训中心,完善自身的青少年后备人才培养体系。

(7)职业俱乐部青训中心的主管必须持有职业级教练证书(或为当年职业班学员),职业俱乐部预备队主教练至少持有 A 级教练员证书(或为当年 A 级班学员),其他各级梯队的主教练至少持有 B 级教练员证书。

(8)逐步完善业余俱乐部准入制度和各类人员培训体系。

六、工作步骤

(一)政策保障方面

1. 力争 5 年内逐步理顺各级青少年足球发展管理体制与运行机制。

2. 力争 2－3 年逐步完善青少年足球发展的激励与奖励政策并组织实施。

3. 2011 年起逐年增加青少年培养的活动经费,并努力拓宽资金的投入渠道,积极引导社会力量参与青少年培养;

4. 2011 起中国足协设置专项场地建设资金,与省市合作加快足球场地的建设,力争每年增加不少于 100 片足球场地的建设。

5. 2011 年起草青少年培养的评估体系、评价体系,并逐步实施。

(二)后备人才培养体系方面

1. 用 2－3 年时间,逐步在所属省、市、区(县)建立健全以业余体校、课外训练中心、业余俱乐部、运动学校、传统校等为主要组织形式的各级业余足球训练网点。

2. 积极开展国际合作,每年选送 20 名优秀的青少年足球教练员到国外进行培训,选送 100 名优秀的运动员到国外进行 2～3 年的训练和比赛。

3. 5 年内逐步形成相对完整的以体育管理部门为主导,结合社会各界力量,形成多形式、多渠道、多层次的竞技体育足球后备人才培养体系。使足球后 备人才各年龄段数量规模稳步扩大,运动水平明显提高,达到亚洲先进水平,为 2016 年、2020 年奥运会,为 2018 和 2022 世界杯,为中国足球整体水平的提高,储备并提供高质量的后备人才。

(三)竞赛管理体系方面

1. 2011 年正式启动全国青少年足球联赛。分为省市、大区、全国三级,设青年组(17 岁以下)、少年组(15 岁以下、13 岁以下),原则上安排在寒暑假和各类假期进行,不影响学校课程;

2. 2 年内逐步完善青少年竞赛管理体系;

3. 在 3 年内建立起完整的青少年校园足球联赛的参赛注册体系,并与学籍注册相配合,从源头上防止和逐步消除青少年运动员年龄弄虚作假的现象。

(四)教练员培训体系方面

1. 2 年内完成全国青少年校园足球体育教师接受 D 级教练员培训班的培训;

2. 5 年内完成全国校园足球执教教师 C 级教练员培训,持证上岗;

3. 2011 年制定并启动青少年业余训练教练员的持证上岗标准和准入标准,为提高运动员水平提供技术保障;

4. 3 年内完成青少年各级、各类执教教练员的准入标准和执行继续培训制度。

放眼我国青少年足球后备人才的培养,必须坚定落实"足球从娃娃抓起"的方针。建立一套完整、规范的青少年足球后备力量培养的体系,切实推动我国青少年足球运动全面、稳定、健康、持续的发展。

《关于加强全国青少年校园足球工作的意见》

为进一步贯彻落实《中共中央国务院关于加强青少年体育增强青少年体质的意见》和《国家中长期教育改革和发展规划纲要(2010－2020 年)》,切实提高全国青少年校园足球活动(以下简称"校园足球")的质量和水平,促进青少年学生健康成长,现提出如下意见:

一、高度重视校园足球工作。足球是深受广大青少年喜爱的体育项目,对于青少年健康成长具有独特的综合教育功能。青少年是全民健身的重要群体,青少年足球是足球运动的基础和源泉。广泛开展青少年校园足球活动有利于增强青少年学生体质,提升青少年体育公共服务水平。各地、各部门要高度重视,切实抓紧抓好校园足球活动。

二、加强对校园足球的组织领导。各级体育、教育行政部门和相关机构要通力合作,成立校园足球工作领导小组,下设办公室,负责指导、部署和协调本地校园足球工作。各级体育、教育部门要将开展校园足球活动纳入工作计划,明确工作职责,建立分工合理、运行规范、监督有效的管理体制和运行机制。各定点学校校长是开展校园足球工作的第一责任人,要采取有效措施,确保校园足球活动正常开展。

三、加大校园足球投入力度。要统筹校园足球经费投入,切实保障校园足球经费。各级教育部门要优化支出结构,积极增加校园足球经费并确保定点学校校园足球工作的支出。各级体育部门要从体育彩票公益金中拨出专款用于校园足球工作。加强校园足球经费的管理,确保专款专用。鼓励定点学校依法创建青少年足球俱乐部,引导企事业单位、社会团体和个人通过多种形式捐赠和赞助。

四、加强场地设施建设和利用。各地要在公共体育服务体系的规划建设中优先建设小型多样的足球场地设施并对学校足球场地的建设和开放给予扶持。各级教育、体育部门要拓宽足球场地建设和运行资金的投入渠道,采取有效措施提高各类足球场地设施利用率和开放率。各校园足球布局城市要在推动学校体育设施和器材达到国家标准的工作中优先考虑足球项目。

五、建立健全校园足球评价机制。研究制订全国青少年校园足球工作评估实施办法。根据评估结果对布局城市和定点学校实行动态管理,对校园足球工作中的先进单位和个人进行表彰奖励。

六、加快建立布局合理的全国校园足球组织网络。利用各种资源大力建设国家、省、市(县)三级校园足球活动培训基地及青少年足球训练网点。各级教育部门在体育部门的支持下加快推动各级学生足球协会建设。引导鼓励足球学校、体育运动学校和足球职业俱乐部发挥资源优势,与校园足球定点学校共建足球后备人才培训基地。

七、重点办好一批开展足球项目的体校和足球学校。加强足球专业技术人才和管理人才培养。支持职业学校开展校园足球活动,扶持开展足球项目的中等体育运动学校和足球学校创建“中等职业教育足球特色学校”。

八、加快建立并完善大中小学相互衔接的校园足球四级联赛体系。要把校园足球联赛列入当地的体育竞赛计划,教育、体育部门共同组织实施。体育部门要把校园足球联赛列入授予运动员技术等级的竞赛计划。有条件的布局城市要开展高中和大学足球联赛。鼓励定点学校举办校内班级、年级比赛。鼓励校园足球联赛承办单位、参赛队伍通过多种方式争取社会各界的支持和赞助。

九、推动学校足球教育。各级教育部门要因地制宜,逐步推进拥有足球场地的学校开展足球运动和相关教育活动。定点学校要积极创造条件,开设足球选修课程。鼓励定点学校开发足球校本课程。全校不少于50%的学生参与足球活动并掌握相应的足球基本知识和技能。

十、加强学校足球文化建设。要面向全体学生开展形式多样的足球活动,培养学生足球兴趣。定点学校要认真执行学生每周2小时足球活动计划。有计划地组织参加足球夏(冬)令营,举办校园足球文化节、文化周等活动,促进建立足球社团或足球兴趣小组,定期举行学校与家庭、社区的足球交流活动。

十一、广泛整合社会资源。充分发挥共青团、妇联等组织的资源和优势,依托青少年活动中心、少年宫、妇女儿童中心和其他校外教育机构积极开展多种形式的足球活动。有计划地组织足球明星和精英教练走进校园开展足球交流活动。引导、鼓励社会团体和个人为学校足球活动提供志愿服务。

十二、扶持学校女子足球发展。逐步扩大定点学校女足队伍规模,要有计划、有重点地大力培养优秀年轻的女足教练员和裁判员,为参与支子足球运动的青少年提供帮助和服务。

十三、加强校园足球师资队伍建设。各级教育部门加快教师—结构调整,制定并落实配齐专职体育教师计划,多渠道配备好足球教师。各校园足球布局城市要根据定点学校足球工作需要,努力建设一支专兼结合的教师队伍,争取3至5年逐步落实每1所定点学校中至少有1名足球专业教师。建立健全足球教师培养培训体系,创建一批全国青少年校园足球师资培养培训基地。探索制定鼓励退役足球运动员从事校园足球工作的政策措施,抓好体育教师等级教练员培训工作,不断提高足球师资专业水平。

十四、各级教育部门要采取措施鼓励教师参与开展校园足球活动。要保障足球教师在职务评聘、福利待遇、评优表彰等方面与其他学科教师同等待遇。教师组织课外足球活动、课余足球训练、竞赛应当计算工作量。参加校园足球相关培训的教师,经培训考核合格后颁发培训证书,并按相应学时计入教师继续教育学时。

十五、完善校园足球定点学校招生考试政策。完善小学、初中、高中、大学的足球特长生招生政策,制定足球后备人才认定标准及升学管理制度,进一步扩大招收高水平足球运动员的高校数量,畅通足球特长生培养输送渠道,逐步理顺以高等学校为"龙头"的大中小学"一条龙"足球梯队建设和运行机制。允许各定点学校按规定招收足球特长生。

十六、加强校园足球科研工作。建立校园足球科研项目申请制度,注重研究成果的转化和实际应用。编写全国青少年校园足球活动指导手册。体育部门要在选材测试、教学训练、营养指导、训练恢复等方面为定点学校提供技术支持和帮助。

十七、充分利用现代信息技术,建设基于互联网的校园足球便捷服务平台。加快建设完善教育、体育部门信息共享的学生运动员注册系统、信息管理系统,畅通信息报送渠道,全面、准确地掌握本地区校园足球参与人员、训练、竞赛、评估检查等信息,并及时、准确地逐级上报。定期对上述信息进行研究分析,为校园足球工作决策提供服务。

十八、建立完善校园足球活动安全保障体系。各地各有关部门要建立健全政府主导、社会参与的校园足球风险管理机制。形成包括安全教育培训、活动过程管理、保险赔付的校园足球风险管理制度。各地要制定完善青少年校内外足球活动和竞赛的安全管理制度,明确管理责任人,落实安全责任制,建立校园足球活动意外伤害的应急管理机制。加强足球场地、设施的维护管理,及时消除安全隐患。

十九、加强国际交流与合作。坚持"走出去"与"引进来"相结合,扶持更多的定点学校参与国际青少年足球交流活动,学习先进的管理模式和训练方法,选拔品学兼优、有发展潜力的足球苗子到国外接受培训。

二十、营造校园足球开展良好环境。各地各有关部门要采取多种形式,通过多种途径认真宣传开展校园足球活动的重要意义和政策要求,宣传校园足球工作的先进经验和各类优秀校园足球人才的先进事迹,引导广大青少年、各级各类学校和全社会关心支持校园足球,在全社会营造有利于校园足球发展的良好氛围。

《中国足球改革发展总体方案》

2009 年以来,通过以打击假赌黑为重点的治理整顿、发展校园足球等举措,足球事业趋势向好,迎来一个新的高潮。

······ ······

四、改进完善足球竞赛体系和职业联赛体制

······ ······

(十三)加强竞赛体系设计。完善竞赛结构,扩大竞赛规模,增加竞赛种类,逐步形成赛制稳定、等级分明、衔接有序、遍及城乡的竞赛格局。尤其要注重职业联赛、区域等级赛事、青少年等级赛事、校园足球赛事的有机衔接,实现竞赛结构科学化。逐步建立健全青少年联赛体系。积极倡导和组织行业、社区、企业、部队、中老年、五人制、沙滩足球等赛事。

······ ······

五、改革推进校园足球发展

······ ······

(十九)发挥足球育人功能。深化学校体育改革、培养全面发展人才,把校园足球作为扩大足球人口规模、夯实足球人才根基、提高学生综合素质、促进青少年健康成长的基础性工程,增强家长、社会的认同和支持,让更多青少年学生热爱足球、享受足球,使参与足球运动成为体验、适应社会规则和道德规范的有效途径。

(二十)推进校园足球普及。各地中小学把足球列入体育课教学内容,加大学时比重。以扶持特色带动普及,对基础较好、积极性较高的中小学重点扶持,全国中小学校园足球特色学校在现有 5000 多所基础上,2020 年达到 2 万所,2025 年达到 5 万所,其中开展女子足球的学校占一定比例。完善保险机制,推进政府购买服务,提升校园足球安全保障水平,解除学生、家长和学校的后顾之忧。

(二十一)促进文化学习与足球技能共同发展。加强足球特长生文化课教学管理,完善考试招生政策,激励学生长期积极参加足球学习和训练。允许足球特长生在升学录取时在一定范围内合理流动,获得良好的特长发展环境。

(二十二)促进青少年足球人才规模化成长。推动成立大中小学校园足球队,抓紧完善常态化、纵横贯通的大学、高中、初中、小学四级足球竞赛体系,探索将高校足球竞赛成绩纳入高校体育工作考核评价体系。

(二十三)扩充师资队伍。通过培训现有专、兼职足球教师和招录等多种方式,提高教学教练水平,鼓励引进海外高水平足球教练。到 2020 年,完成对 5 万名校园足球专、兼职足球教师的一轮培训。完善政策措施,加强专业教育,为退役运动员转岗为体育教师创造条件。

……　……

七、改进足球专业人才培养发展方式

(二十六)拓展足球运动员成长渠道和空间。加大培养力度,完善选用机制,多渠道造就优秀足球运动员。增强校园足球、社会足球的人才培养意识,拓宽职业足球选人视野,畅通优秀苗子从校园足球、社会足球到职业足球的成长通道。搞好体教结合,加强文化教育、意志锤炼和人格熏陶,促进足球运动员全面发展。鼓励足球俱乐部、企业和其他社会力量选派职业球员、青少年球员到足球发达国家接受培训,并力争跻身国外高水平职业联赛。

……　……

(二十九)设立足球专业学院和学校。适应足球人才培养需要,依托具备条件的本科院校设立足球学院,积极探索建立文化教育与足球运动紧密融合的新型足球学校。

(三十)做好足球运动员转岗就业工作。统筹市场机制和政策引导,为足球运动员再就业再发展搭建平台,支持其经过必要培训和考核,担任足球教练员、裁判员、讲师,或到企事业单位和部队成为群众足球活动的骨干,或进入足球协会、足球俱乐部从事足球管理和服务工作。

……　……

九、加强足球场地建设管理

(三十六)扩大足球场地数量。研究制定全国足球场地建设规划。把兴建足球场纳入城镇化和新农村建设总体规划,明确刚性要求,由各级政府组织实施。因地制宜建设足球场,充分利用城市和乡村的荒地、闲置地、公园、林带、屋顶、人防工程等,建设一大批简易实用的非标准足球场。创造条件满足校园足球活动的场地要求。

······ ······

(三十八)提高场地设施运营能力和综合效益。按照管办分离和非营利性原则,通过委托授权、购买服务等方式,招标选择专业的社会组织或企业负责管理运营公共足球场,促进公共足球场低价或免费向社会开放。推动学校足球场在课外时间低价或免费向社会开放,建立学校和社会对场地的共享机制。

十、完善投入机制

(三十九)加大财政投入。各级政府应当加大对足球的投入,根据事权划分主要用于场地建设、校园足球、青少年足球、女子足球、国家队建设、教学科研等方面。体育、教育等部门在安排相关经费时,应当对足球改革发展给予倾斜。

······ ······

(四十一)加大彩票公益金支持足球发展的力度。每年从中央集中彩票公益金中安排一定资金,资助中国足球发展基金会,专项用于支持青少年足球人才培养和足球公益活动。积极研究推进发行以中国足球职业联赛为竞猜对象的足球彩票。

······ ······

十一、加强对足球工作的领导

(四十六)建立足球改革发展部际联席会议制度。为持续推动足球改革发展,确保本方案落实,建立足球改革发展部际联席会议制度。体育总局应当加强对足球改革发展的政策研究和宏观指导。教育部应当履行好校园足球主管责任。各方面应当各司其职、各负其责、各尽其力、协同配合,共同推动足球改革发展。

······ ······

《教育部等6部门关于加快发展青少年校园足球的实施意见》

各省、自治区、直辖市教育厅(教委)、发展改革委、财政厅(局)、新闻出版广电局、体育局、团委：

加快发展青少年校园足球是贯彻党的教育方针、促进青少年身心健康的重要举措，是夯实足球人才根基、提高足球发展水平和成就中国足球梦想的基础工程。近年来，校园足球事业取得了积极进展，体制机制不断完善，发展模式不断创新，校园足球定点学校达到5000多所，举办各种比赛10万多次，青少年足球人口不断扩大。但总体上看，校园足球发展还比较缓慢，发展不平衡，存在普及面不广、竞赛体系不健全、保障能力不足等问题。为进一步落实深化教育领域综合改革总体要求和《中国足球改革发展总体方案》，现就加快发展青少年校园足球提出以下意见：

一、总体要求

(一)指导思想

把发展青少年校园足球作为落实立德树人根本任务、培育和践行社会主义核心价值观的重要举措，作为推进素质教育、引领学校体育改革创新的重要突破口，充分发挥足球育人功能，遵循人才培养和足球发展规律，理顺管理体制，完善激励机制，优化发展环境，大力普及足球运动，培育健康足球文化，弘扬阳光向上的体育精神，促进青少年身心健康、体魄强健、全面发展，为提升人口素质、推动足球事业发展、振奋民族精神提供有力支撑。

(二)基本原则

坚持改革创新。深化体制机制改革，加强顶层设计，强化政策、标准和项目引导，在重点领域和关键环节取得突破，增强青少年校园足球发展活力。

坚持问题导向。树立科学发展理念，破解发展难题，转变发展方式，加强基础条件和基础工程建设，持久用力、久久为功，促进青少年校园足球健康发展。

坚持统筹协调。以政府为主导，学校为主体，鼓励社会参与，整合多种资源，完善支持政策，形成青少年校园足球发展合力。

坚持因地制宜。立足当前实际,着眼长远发展,充分利用现有基础,不断创造良好条件,鼓励探索多样化的青少年校园足球发展模式。

(三)工作目标

到 2020 年,基本建成符合人才成长规律、青少年广泛参与、运动水平持续提升、体制机制充满活力、基础条件保障有力、文化氛围蓬勃向上的中国特色青少年校园足球发展体系。

普及程度大幅提升。学校普遍开展足球运动,学生广泛参与足球活动,校园足球人口显著增加,学生身体素质、技术能力和意志品质明显提高,形成有利于大批品学兼优的青少年足球人才脱颖而出的培养体系。支持建设 2 万所左右青少年校园足球特色学校,2025 年达到 5 万所。重点建设 200 个左右高等学校高水平足球运动队。

教学改革更加深入。形成内容丰富、形式多样、因材施教的青少年校园足球教学体系,课程设置、教学标准、教材教法和教学资源等教学要素更加衔接配套,校园足球教学质量明显提升。

竞赛体系更加完善。形成赛事丰富、赛制稳定和赛纪严明的青少年校园足球竞赛体系,球队建设、课余训练、赛事运行等更加规范高效,校园足球运动水平稳步提高。

条件保障更加有力。师资配备补充、培养培训、评价机制和激励措施等更加多样有效,完成 5 万名青少年校园足球专兼职教师的一轮培训;鼓励学生习练足球的综合评价体系更加健全;场地设施和运动安全管理更加完善,财政资金和社会资本多元投入,形成青少年校园足球持续发展保障体系。

二、重点任务

(一)提高校园足球普及水平

加强统筹推进普及。统筹城乡区域布局,统筹各级各类学校,统筹各类社会资源,鼓励有基础的地方和学校探索实践,加大对农村学校帮扶力度,着力扩大校园足球覆盖面。鼓励支持各年龄段学生广泛参与,积极开展青少年女子足球运动,让更多青少年体验足球生活、热爱足球运动、享受足球快乐。以普及校园足球示范带动校园田径、篮球、排球等其他体育运动项目发展。

扶持特色引领普及。遴选一批全国青少年校园足球特色学校,重点建设一批普通高等学校高水平足球运动队,支持其加强建设、深化改革、提高水平和办出特色,发挥其在发展青少年校园足球中的骨干、示范和带动作用。鼓励有条件的地方创建全国青少年校园足球试点县和足球综合改革试验区,先行先试,积累经验,整体推进青少年校园足球发展。

培育文化巩固普及。把开展竞赛、游戏等形式多样的足球活动作为校园文化建设的重要内容,让足球运动融入学生生活、扎根校园。大力发展学生足球社团。鼓励学校充分利用互联网和新媒体搭建信息平台,报道足球活动、交流工作经验、展示特色成果,营造有利于青少年校园足球发展的良好文化氛围。

(二)深化足球教学改革

各级各类学校要把足球列入体育课教学内容,积极推进足球教学模式的多样化。鼓励有条件的学校开展以足球为特色的"一校一品"体育教学改革。足球特色学校可适当加大学时比重,每周至少安排一节足球课,不断提高教学质量。要科学统筹足球教学与其他学科教学,在课时分配、教师配备、教学管理、绩效评价等方面为足球教学改革创造良好条件。发布青少年校园足球教学指南、学生足球运动技能等级标准,规范指导校园足球教学。建设全国青少年校园足球教学资源库,鼓励各地各校因地制宜采取多种方式开发共享高质量的足球教学资源,逐步实现优质足球教学资源全覆盖。依托有条件的单位建立校园足球运动研究基地,加强理论与实践研究,提升校园足球运动发展的科学化水平。

(三)加强足球课外锻炼训练

要把足球运动作为学校大课间和课外活动内容,鼓励引导广大学生"走下网络、走出宿舍、走向操场",积极参加校外足球运动。有条件的学校要建立班级、年级和校级足球队。鼓励组建女子足球队。妥善处理好学生足球训练和文化学习之间的关系。教育部门会同体育等部门指导学校制定科学的校园足球训练计划,合理组织校园足球课余训练,为喜欢足球和有足球潜能的学生提供学习和训练机会。

(四)完善校园足球竞赛体系

开展丰富多样的赛事。各地各校要广泛开展多样化的足球竞赛活动,形成"校校参与、层层选拔、全国联赛"的足球竞赛格局。要组织小学低年级学生参加趣味性足球活动。从小学 3 年级以上到初、高中学校,要组织班级、年级联赛,开展校际邀请赛、对抗赛等竞赛交流活动。高等学校组织开展院系学生足球联赛和校际交流活动等。鼓励学校参加社会组织举办的足球赛事和公益活动,加强与国际组织和专业机构的交流合作,组织或参与国际青少年足球赛事活动。

形成稳定规范的赛制。规范竞赛管理,构建包括校内竞赛、校际联赛、区域选拔在内的青少年校园足球竞赛体系。建成纵向贯通、横向衔接和规范有序的高校、高中、初中、小学四级青少年校园足球联赛机制。实行赛事分级管理,建立县级、地市级、省级和国家级青少年校园足球竞赛制度。小学阶段联赛范围原则上不超出地市,初中阶段联赛范围原则上不超出省(区、市)。高校足球竞赛成绩要纳入高校体育工作考核评价体系。从 2015 年起,各地教育部门要按照全国青少年校园足球竞赛方案,依托行业组织、专业机构或社团等分级组织实施本地竞赛活动。注重校园足球赛事与职业联赛、区域等级赛事、青少年等级赛事的有机衔接。

维护公正严明的赛纪。完善竞赛监督制度,使足球成为青少年学生体验、适应社会规则和道德规范的有效途径。提倡公平竞赛,安全竞赛,文明竞赛,完善裁判员公正执法、教练员和运动员严守赛风赛纪的约束机制。规范青少年观赛行为,引导他们遵纪守法、文明观赛,形成良好的青少年校园足球竞赛风气。

(五)畅通优秀足球苗子的成长通道

各地要注重发现、选拔和重点培养学生足球运动苗子,认真组建本地学生足球代表队,开展多种形式的集训、比赛和交流活动。有条件地方的体育、教育部门联合创建青少年足球训练中心,为提高学生足球运动水平提供综合服务。组织全国性校园足球夏(冬)令营,聘请国内外高水平教练集中培训各地选送的优秀学生足球运动员。建立教育、体育和社会相互衔接的人才输送渠道,拓宽校园足球学生运动员进入国家足球后备人才梯队、有关足球职业俱乐部和选派到国外著名足球职业俱乐部的通道。依托全国学生学籍管理系统,建立全国青少年校园足球工作管理信息系统,动态监测学生学习、升学和流动情况,并提供相应支持服务。研究制定学生足球运动员注册管理办法。

三、保障措施

(一)加强师资队伍建设

多渠道配备师资。各地要采取多种方式,配足补齐校园足球教师。制订校园足球兼职教师管理办法,鼓励专业能力强、思想作风好的足球教练员、裁判员,有足球特长的其他学科教师和志愿人员担任兼职足球教师。完善政策措施,创新用人机制,为退役运动员转岗为足球教师或兼职足球教学创造条件。建立教师长期从事足球教学的激励机制。

多方式培养培训师资。加强体育教育专业建设,鼓励学生主修、辅修足球专项,培养更多的合格足球教师。制定校园足球教师培训计划,开发相关培训资源,组织开展足球教师教学竞赛、经验交流和教研活动,着力提升足球教师教学实践能力和综合职业素养。2015年起,组织开展国家级青少年校园足球骨干师资专项培训。各地要结合实际开展多种方式的教师培训。联合行业组织,聘请国内外高水平足球专家培训校园足球教师、教练员、裁判员。选派部分优秀青少年校园足球工作管理人员、教师、教练员、裁判员到国外参加专业培训和交流活动。

(二)改善场地设施条件

加快场地设施改造建设。各地要把校园足球活动的场地建设纳入本行政区域足球场地建设规划,纳入城镇化和新农村建设总体规划,按照因地制宜、逐步改善的原则,加大场地设施建设力度,创造条件满足校园足球活动要求。鼓励建设小型多样化足球场地设施。在现有青少年培养、实践基地建设中,规划和建设好足球场地设施。

推动场地设施共建共享。各地要统筹体育场地设施资源的投入、建设、管理和使用,鼓励各地依托学区建立青少年足球活动中心,同步推进学校足球场地向社会开放和社会体育场地设施向学校开放,形成教育与体育、学校与社会、学区与社区共建共享场地设施的有效机制。

(三)健全学生参与足球激励机制

把足球学习情况纳入学生档案,作为学生综合素质评价的参考。加强足球特长生文化课教学管理,完善考试招生政策,激励学生长期积极参加足球学习和训练。允许足球特长生在升学录取时合理流动,获得良好的特长发展环境。研究完善高校高水平足球队管理办法和招生政策,增加高校高水平足球运动队数量,适度扩大招生规模。拓展青少年出国交流机会,经过选拔推荐可以参加国际校园足球赛事和交流活动。

(四)加大经费支持力度

各地应当加大对青少年校园足球的投入,统筹相关经费渠道对校园足球改革发展给予倾斜。探索建立政府支持、市场参与、多方筹措支持校园足球发展的经费投入机制。各地要优化教育投入结构,积极创造条件,因地制宜逐步提高校园足球特色学校经费保障水平,支持学校开展足球教学、训练和比赛。

(五)完善安全保险制度

各地要加强校园足球运动伤害风险管理,制定安全防范规章制度,加强运动安全教育、检查和管理,增强学生的运动安全和自我保护意识。完善保险机制,推进政府购买服务,提升校园足球安全保障水平,解除学生、家长和学校的后顾之忧。

(六)鼓励社会力量参与

各地要加大规划、政策、标准引导力度,多渠道调动社会力量支持校园足球发展的积极性。充分发挥职业足球俱乐部、足球学校、体育运动学校在人才培养方面的积极作用,鼓励有条件的体育俱乐部、企业及其他社会组织联合开展有利于校园足球发展的公益活动。完善相关政策,引导社会资本进入校园足球领域。在中国教育发展基金会设立青少年校园足球发展基金,多渠道吸收社会资金。创新校园足球利用外资方式,有效利用境外直接投资、国际组织、外国政府以及其他组织的支持。

四、组织领导

(一)充分发挥全国青少年校园足球工作领导小组作用

教育部门应履行好青少年校园足球主管责任,负责校园足球的统筹规划、宏观指导和综合管理。体育部门发挥人才和资源优势,加强技术指导、行业支持和相关服务。发展改革部门负责统筹场地设施规划与实施。财政部门负责制定推动校园足球工作的相关支持政策。宣传部门加大宣传支持力度,统筹营造社会舆论氛围。共青团系统负责组织或者参与开展校园足球文化活动。教育督导部门要将校园足球纳入教育督导指标体系,制定校园足球专项督导办法,定期开展专项督导。领导小组办公室要配齐配强工作人员,做好日常管理工作,执行领导小组决策、协调成员单位积极推动各项任务落实。成立全国青少年校园足球专家委员会,加强对校园足球的指导。

(二)把发展青少年校园足球纳入重要工作日程

各地要高度重视青少年校园足球工作,加强领导,精心组织,参照全国青少年校园足球工作领导小组组织模式,建立相应工作机制,制定本地区青少年校园足球发展规划,实施青少年校园足球发展项目,明确支持政策,增强管理能力,提升服务水平。鼓励各地成立青少年校园足球协会,承担本地校园足球的具体工作。加强青少年校园足球工作质量监测,定期发布全国和各地区青少年校园足球发展水平报告。

(三)优化发展青少年校园足球舆论环境

大力宣传发展青少年校园足球发展理念、育人功能,校园足球文化和先进经验做法,及时报道和播出学生足球赛事,鼓励影视行业和企业拍摄有关校园足球题材影视作品,在广大青少年中掀起爱足球、看足球、踢足球的热潮,在全社会营造关心、支持校园足球发展的良好氛围。

《全国青少年校园足球工作发展报告(2015—2017)》

自 2014 年年底以来,教育部坚持党对全国青少年校园足球工作的领导,深入学习宣传贯彻落实党的十九大精神和习近平新时代中国特色社会主义思想,认真贯彻落实党中央、国务院关于校园足球工作整体战略部署和习近平总书记系列重要批示精神,认真贯彻落实《中国足球改革发展总体方案》和《国家中长期足球发展规划(2016—2020 年)》,按照党中央、国务院"特事特办、先行先试"的原则和要求,把校园足球改革发展纳入教育综合改革规划、作为国家教育体制改革重点任务,抓好顶层设计,强化组织领导,创新体制机制,注重内涵发展,不断提升质量,推动青少年校园足球工作取得阶段性成果,为在新时代继续扎实推进青少年校园足球工作奠定坚实基础。

一、校园足球工作的主要做法、成效和经验

全国青少年校园足球工作始于 2009 年。自 2014 年 11 月 26 日国务院召开全国青少年校园足球工作电视电话会议后,教育部正式牵头负责全国青少年校园足球工作(以下简称"校园足球")。近三年来,教育部深入贯彻落实党的十八大精神和历次全会精神、党的十九大精神,认真贯彻落实党中央、国务院关于发展足球事业的决策部署,把发展校园足球作为提高足球普及程度和竞技水平、实现足球强国梦的重要支撑,作为足球改革发展的奠基工程、教育立德树人的育人工程和全面推进学校体育综合改革的探路工程,持续用力,久久为功,强化协同联动,贯彻"教学是基础、竞赛是关键、体制机制是保障、育人是根本"的发展思路,落实重点改革任务,在大力普及发展校园足球、扩大足球人口基数和规模、不断提高教学、训练、竞赛水平和保障水平等方面取得了显著成效。

(一)加强顶层设计,完善体制机制

强化组织领导。2015 年以来,为认真履行统筹规划、宏观指导和综合管理等主管职责,教育部召开 5 次部党组会议、1 次部长专题办公会议研究校园足球工作。部党组成员有关校园足球工作的批示 76 次、考察调研 5 次、参加校园足球工作相关会议 17 次、专题研究工作 4 次。

经国务院同意,于 2015 年 1 月成立由教育部、国家发展改革委、财政部、新闻出版广电总局、体育总局、共青团中央等 6 部门组成的全国青少年校园足球工作领导小组(中国足协与国家体育总局"脱钩"后,也于 2017 年成为领导小组成员单位)。先后由教育部党组书记、部长袁贵仁同志、陈宝生同志担任领导小组组长,教育部、体育总局分管负责同志担任副组长。3 次召开领导小组会议,研究部署校园足球重大改革举措和重点改革任务,切实发挥了组织领导、协调联动、统筹推进的作用。

强化制度建设。出台《教育部等 6 部门关于加快发展青少年校园足球的实施意见》《教育部关于进一步加强普通高等学校高水平运动队建设的实施意见》《学校体育美育兼职教师管理办法》《全国青少年校园足球教学指南》《学生足球运动技能等级评定标准》《关于全国青少年校园足球改革试验区、试点县(区)工作的指导意见》《全国青少年校园足球教学训练竞赛体系建设方案》等 7 个制度性文件,规范组织实施,打牢制度基础。

强化协同推进。坚持协同推进,完善发展校园足球的多部门合作格局,建立并完善在工作推进方面与中国足协的定期会商机制,共同研究、解决青少年足球发展中的重大问题,共同构建中国特色足球青训体系。

(二)坚持普及为要,优化发展布局

明确事业"初心"。教育部全面贯彻党的教育方针,坚持教育为人民服务、为中国共产党治国理政服务、为坚持和完善中国特色社会主义制度服务、为改革开放和社会主义建设服务,紧紧围绕培养德智体美全面发展的社会主义现代化建设者和接班人的目标,立足促进青少年身心健康、全面发展,尊重教育发展规律、足球运动规律和足球人才成长培养规律,着力实现提高体质健康水平、教会足球运动技能、磨炼意志品质、打牢中国足球腾飞的人才基础等"四位一体"校园足球工作目标,并以此作为学校体育改革的突破口。

打牢普及根基。构建"特色学校+高校高水平足球运动队+试点县(区)+改革试验区""四位一体"的校园足球立体推进格局,要求每所校园足球特色学校面向全体学生每周开设1节足球课、组织课余训练和校内联赛、组建校队参加校际联赛。截至2017年7月,全国青少年校园足球特色学校20218所(其中小学10022所、初中7111所、高中3085所)、全国青少年校园足球试点县(区)102个(31个省区市和新疆生产建设兵团各3至4个)、全国青少年校园足球改革试验区12个(其中省级试验区3个,分别是上海市、内蒙古自治区和云南省;计划单列市、省会和地级城市9个,分别是青岛市、厦门市、深圳市、成都市、武汉市、兰州市、郑州市、吉林省延边朝鲜族自治州和山东省滨州市)。复核校园足球特色学校建设情况,调研发展质量。据统计,以百分制计算,校园足球特色学校复核平均得分87.79,优秀率为74.12%。目前,招收高水平足球队的高校共有77所,2015年招收477名学生、2016年招收474名学生、2017年招收491名学生,录取率为6～7.5:1。大力发展校园女子足球,在所有校园足球特色学校开展女子足球运动,与国际足联、中国足协开展女子足球推广活动。据中国青年报社的调查显示,66.7%的受访者表示学校中男生和女生都参加足球课,这表明女生参与校园足球运动较为普遍。

推动区域落实。2017年5月,教育部与2015和2016年认定的60个校园足球试点县(区)签署推进校园足球改革发展备忘录,推动校园足球试点县(区)在县域内构建完善校园足球教学训练竞赛体系。2017年与12个校园足球改革试验区签署推进校园足球改革发展备忘录,强化目标管理和发展质量考核。

(三)加大资金投入,夯实场地、师资基础

中央和地方加大投入力度。三年来,中央财政累计投入6.48亿元校园足球扶持资金,各省(区、市)投入校园足球的财政、体彩和社会资金等累计196.03亿元(2015年42.72亿元,2016年80.04亿元,2017年73.27亿元)。教育部多渠道调动社会力量支持校园足球发展,2014年在中国教育发展基金会设立青少年校园足球专项基金,接受社会捐献。

落实场地建设规划。2016年4月,会同国家发展改革委等4部门印发《全国足球场地设施建设规划(2016－2020年)》。把握底数,统计、核实各省份校园足球场地现存数量和未来规划建设数量。截至目前,全国共有校园足球场地51054块,"十三五"期间计划新建改建场地38944块,到2020年全国校园足球场地将达到83726块。教育部正在研究制定落实《全国足球场地设施建设规划(2016－2020年)》实施方案,推动地方和学校落实新建、改建"十三五"期间4万块校园足球场地的任务。面向17省份开展校园足球改革发展配套政策、场地建设、青训体系建设等重点督察工作。从督察情况看,各地普遍出台加强校园足球工作的制度文件,从加强组织领导、加大资金投入、强化师资队伍和场地建设、完善安全风险防范制度、完善教学训练竞赛体系等方面强化措施,全力推进校园足球普及发展。联合国家发展改革委等部门开展《中国足球中长期发展规划(2016－2050年)》和《全国足球场地建设规划(2016－2020年)》落实情况专项督察,并向国务院呈报督察报告。各地借国家大力发展足球事业的东风,普遍通过多种资金渠道加大足球场地设施建设力度,这为我国足球事业长远发展提供了基础性保障。

《全国改善贫困地区义务教育薄弱学校基本办学条件五年规划(2014－2018年)》计划投入资金390.8亿元,规划建设学校运动场馆3.28亿平方米,重点向农村、集中连片特困地区、民族地区和边境地区倾斜。据统计,2015年、2016年全国学校运动场馆面积分别为13.65亿平方米和14.04亿平方米,新增学校运动场馆面积2800万平方米和3900万平方米。

加强师资队伍建设和培养培训力度。师资短缺是制约校园足球发展的关键短板。据统计,2015年全国中小学体育教师总人数为565638人,2016年全国中小学体育教师总人数为585348人。三年累计新增体育教师73298人,其中有足球专业背景的15594人。完善校园足球师资培养培训体系,开展校园足球骨干师资国家级培训、新增校园足球特色学校校长和体育教师培训,国家和地方三年累计培训23万多名体育教师和足球教练员,有力提高了他们的教学技能和专业素养。依托高校等设立5个校园足球教练员培训基地,聘请国内外专业足球讲师培训了840名持有英格兰足球总会、亚足联D级以上等级教练员证书的校园足球教练员。选送1100余名校园足球教练员赴法国、英国进行为期3个月的专业技能培训,开阔了基层体育教师和足球教练员的视野,提高了他们的足球专项技能,其中有540多名教练员取得英格兰足球总会颁发的足球教练员等级证书,开创了校园足球教练员在国外取得外国足球教练员等级证书的先河。实施《学校体育美育兼职教师管理办法》,完善退役运动员、优秀教练员、社会体育指导员、有体育特长的社会人员兼职校园足球教师制度。

(四)打牢教学根基,完善课余训练、竞赛体系

组织国内外专家研制《全国青少年校园足球教学指南》和《学生足球运动技能等级评定标准》,与中国足协联合印发《全国青少年校园足球教学训练竞赛体系建设方案》《中国青少年足球训练体系"165"行动计划》,整体规划校园足球教学、训练、竞赛体系建设,实现教育部牵头负责的校园足球与中国足协负责的职业足球和青少年足球融合发展。

教学是基础。拍摄制作365集足球运动技能教学示范短片并向全国免费推送,组织编写360节校园足球示范课教案(义务教育阶段每学期各20节),目前正组织拍摄成示范课,指导一线校园足球教学。

训练是重点。试点推进校园足球"满天星"训练营建设工作,到2020年计划规划和建设200个训练营。北京、上海、内蒙古等地积极探索建立省、市、区级校园足球训练营。校园足球特色学校、足球项目传统体育学校等积极开展课余训练。不断完善校园足球多层次、立体化的课余训练体系。

竞赛是关键。持续深化建设"校内竞赛—校际联赛—选拔性竞赛—出国交流比赛"为一体的校园足球竞赛体系。推动校园足球特色学校深入开展校内班级和年级竞赛。在全国广泛开展小学、初中、高中和大学四级联赛并不断完善联赛制度。各地校园足球四级联赛比赛场次、参赛人数呈现逐年上升趋势,形成"班班参与、校校组织、地方推动、层层选拔、全国联赛"的校园足球竞赛格局,校园足球的育人功能得到进一步发挥。2015年以来,全国参加校园足球小学联赛534.70万人次,参加校园足球初中联赛276.13万人次,参加校园足球高中联赛165.35万人次,参加校园足球大学联赛27.90万人次。全国参加四级联赛1004.08万人次。

累计 15564 人次学生参与了两届校园足球冬令营和三届夏令营,实现从小学到高中全覆盖,并由外教和中方专家联合执教夏令营总营。把足球作为第十三届全国学生运动会重点项目并完成各项赛事组织。

(五)深化国际交流合作互鉴,学习有益经验

融入国家元首对外国事访问。今年 7 月,习近平总书记在对德国进行国事访问期间,和德国默克尔总理共同深入校园足球训练营、观看中德青少年校园足球友谊赛,这充分体现了习近平总书记对校园足球工作的亲切关怀。中国校园足球运动员在友谊赛中的精彩表现得到了中德两国领导人的高度赞誉。落实与德国足协签署的校园足球发展合作谅解备忘录,推进中德青少年足球交流合作;选派 133 名校园足球冬令营全国最佳阵容学生运动员赴德国、西班牙、英国开展训练营和友谊赛,让他们在与足球强国青少年的比赛、交流中提高竞技水平;引进西班牙具有职业级证书的优秀教练员执教校园足球夏(冬)令营。

拓宽合作国别。与西班牙、法国、意大利、阿根廷、巴西等国体育部门和足球协会洽谈足球合作意向,以扩大青少年足球交流与竞赛、培训中方校园足球教练员、执教校园足球训练、引进高水平足球教练员等深化足球合作。

引进外教执教。三年累计聘请 360 多名高水平外籍足球教师到国内任教,使青少年学生在国内能够学习到国外先进的足球理念和训练方法。这些足球外教确实发挥了重要作用,他们的工作得到了所执教学校的师生和地方教育行政部门的高度认可。

(六)切实先行先试,培育推广有益经验和模式

校园足球工作实践中,在强化顶层设计、完善教学训练竞赛体系、落实综合保障等方面积累起了较为成熟的制度体系、工作经验和发展模式。教育部已把校园足球的制度体系、工作经验和发展模式引入到校园篮球项目中,并将陆续引入到冰雪运动、校园排球、校园网球、田径、武术、游泳等项目中,切实发挥好校园足球改革发展先行先试的示范引领作用。

（七）浓郁足球文化，强化学理支撑

培育足球文化。深厚的足球文化是发展校园足球、提高中国足球普及程度的重要土壤。教育部积极争取人民日报、新华社、中央电视台等数十家媒体多角度、全方位报道校园足球。委托中国教育电视台制作了以校园足球特色学校、试点县（区）和改革试验区为宣传对象的48集《校园足球先锋》、以校园足球夏令营为主题的41集《中国少年足球战队》和100集校园足球新长征专题片，网络直播夏令营赛事200多场次。委托中国教育报开展"校园足球神州行"专题报道，进一步提升了校园足球的影响力，在广大青少年中掀起了爱足球、看足球、踢足球的热潮，也大大提升了参与校园足球的各级教育行政部门、各级各类学校、学生、家长的荣誉感、幸福感和获得感。编发12期校园足球工作简报，出版《全国青少年校园足球发展报告（2015－2017年）》，出版发行《校园足球》期刊34期计40多万册。依托教育部门户网站建设校园足球主页、创建校园足球微信公众号，在全国青少年校园足球展示平台为所有校园足球特色学校建立校园足球工作电子档案，各省级、市级、县级校园足球工作机构也普遍通过建立官方网站、"两微一端"宣传推广校园足球，营造了校园足球发展的良好氛围。

强化智库支撑。2015年6月，成立了由37名业界专家、体育和教育系统足球理论和实务领域的专家和一线工作者代表组成的全国青少年校园足球专家委员会，多次召开专家委员会会议，有针对性地研究校园足球发展中的重大理论和实践问题，提出切实可行的对策和措施，审定《全国青少年校园足球教学指南》和《足球运动技能等级评定标准》，为校园足球发展提供了强有力的智力支持。在教育部人文社会科学研究项目中设立校园足球相关研究项目20项。

（八）凝练工作经验，把握发展规律

校园足球历经三年的探索和发展，形成了具有自身特点的经验和规律。

一是坚持党的领导。党的领导是发展校园足球的根本保证。教育部党组认真落实党中央国务院关于校园足球工作决策部署，切实提高政治站位。

二是切实落实"特事特办、先行先试"的原则和要求。教育部赋予校园足球为学校体育改革发展探路的先行先试地位,在经费、政策、师资队伍建设和培养培训等方面特事特办。教育部党组书记、部长坚持亲自抓校园足球工作。

三是坚持协同推进。抓好校园足球工作,绝非教育部或教育系统一家的事情,需要和发展改革、财政、体育、新闻出版广电、共青团、足协以及关心和支持校园足球工作的企业和社会组织等共同协力推进。

四是坚持以学生为主体。青少年学生是参与校园足球运动的主体,要坚持对足球运动的兴趣和爱好为基础,增强校园足球的吸引力、参与性、兴趣性,实现快乐足球、趣味足球。

五是坚持育人价值和功能。发展校园足球,普及是方向,育人是根本。坚持把校园足球作为教育立德树人的育人工程,作为培育和践行社会主义核心价值观的重要途径,作为培养爱国主义、集体主义和顽强拼搏精神与意志品质的重要方式。

六是坚持尊重教育规律和足球运动规律。在校园里开展足球运动,既要尊重教育规律、青少年成长成才规律,又要尊重足球运动规律和优秀足球人才培养与成长规律。

总之,在以习近平同志为核心的党中央和国务院的坚强领导下,在相关部门的协同推进下,校园足球呈现出欣欣向荣的蓬勃发展局面,校园足球取得的成效得到了学生和家长、地方教育行政部门和学校、足球业内专家和从业人士、相关媒体和关心中国足球发展的社会各界的普遍认同和一致赞誉。

二、当前校园足球工作存在的突出问题

经过三年的努力,校园足球工作开局良好、发展模式日趋成熟。各级党委和政府对校园足球更重视了,全社会对校园足球更关心了,舆论氛围更浓厚了。为突出问题导向,教育部认真梳理了当前校园足球改革发展中存在的主要问题。

一是校园足球发展不平衡不充分问题突出。有条件的地区投入校园足球工作的经费甚至超过中央财政投入的校园足球扶持资金,而条件薄弱的地方甚至难以设立校园足球扶持资金。三年来,国家和地方已经在加强校园足球师资的引进、培养、培训等方面下了很大功夫、投入了很大精力和财力,切实提高校园足球发展的师资、场地、政策和安全保障等方面明显加强,但仍需要久久为功。有些地方在校园足球的教学、课余训练和竞赛组织方面存在不充分、不到位的现象。

二是对校园足球价值的认识有待提高。社会上普遍存在"重智育、轻体育"的传统观念,以文化课成绩作为评价学生学业的最重要标准。不少家长担心孩子踢足球会影响学业成绩。一些学校限于硬件、师资等条件难以开展校园足球活动。教育部门和学校需要用翔实的数据、科学的论证有力证明足球等体育活动不仅不会影响学生学习,还会促进成绩提高,促进学生全面发展,提高家长、学生对校园足球综合价值的认识,内化为发展校园足球久久为功的"韧性"。通过积极努力和有效宣传,让全社会认识到发展校园足球并非"急就章",而是强化学校体育、增强学生体质健康的本来要求;并非国家的外在要求,而是学校体育深化内涵发展的重要内容;并非"一时热闹",而要务求实效。当然,培育和形成校园足球文化需要一个过程,这也是习近平总书记强调足球要从娃娃抓起、从基层抓起、从群众性参与抓起的精髓要义所在,距此还有大量的工作要做。

三是机制化推进工作有待加强。各地限于人力、财力、资源保障和传统思维与思维定式等的影响,在校园足球工作中,地方不同程度存在着"重规划、轻督察"现象,文件和规划是下发了,但抓校园足球工作的"招数不硬、措施不实"问题依然突出,推进校园足球工作的硬招和实招不多,相关措施的针对性还需要进一步加强,注重比赛等活动的开(闭)幕式等形式主义问题也确实存在。

四是资源条件短缺状况亟待改变。大力推进校园足球以来,校园足球发展的条件明显改善,但组织管理力量薄弱等问题十分突出,全国和地方青少年校园足球工作领导小组办公室没有专职工作人员,这是制约校园足球下一步发展的关键因素。长期以来,学校体育工作属于"小三门",在办学条件、师资配备等方面缺口较大,需要在人员编制、资金投入等方面加大保障力度。

三、以全面深化改革精神戮力攻坚,精心谋划2018年和今后一个时期校园足球工作

党的十九大确立了中国特色社会主义进入新时代的历史定位,校园足球工作

也站在了新时代。下一步,教育部将进一步深入学习贯彻落实党的十九大精神,用习近平新时代中国特色社会主义思想武装头脑,坚决贯彻落实习近平总书记重要批示精神,深入领会党的十九大报告蕴含的改革精神、改革部署和改革要求,强化问题意识,突出问题导向,突出"硬、实、新",精心谋划新时代校园足球工作的新思路、新举措,以新作为开创未来,切实改进工作作风,深入调查研究,在全面梳理三年来校园足球工作的发展历程、主要成效、有益经验的基础上,把准薄弱环节和关键短板并深入剖析原因,剑指问题,破解矛盾,既广拓普及的"面",又深耕提高的"点",以扎实的作风和业绩服务教育强国、体育强国、健康中国建设,有力支撑中国足球改革发展。

(一)强化制度机制建设,巩固改革成果

在校园足球工作初具规模的基础上,强化制度体系建设,进一步完善校园足球改革试验区、试点县(区)和特色学校遴选标准、工作规范和考核评价体系。在教学、训练、竞赛、安全风险防范、师资和场地建设等校园足球工作广泛而深入开展的基础上,进一步完善机制,靠机制推动工作落实,进一步完善校园足球相关竞赛规程和年度发展报告制度。在校园足球普及推广的"点"和"面"已经形成的基础上,进一步联成"体",切实强化对校园足球各项工作的考核评估和督察,进一步完善对地方教育行政部门推进校园足球工作的考核标准和要求,联合相关部门,每年开展校园足球工作督察,以督察促落实。

(二)加快整体推进,构建完善体系

一是制定规划并高标准创建3万所校园足球特色学校。系统规划,坚持标准,推动各地在2018—2025年再创建3万所校园足球特色学校,使校园足球特色学校总规模达到5万所,进一步打牢普及发展校园足球的基础。

二是打牢教学根基。大力培养培训校园足球师资,引进国外足球强国的教材、教师和教练,拍摄360节足球课教学视频并在全国推广,在所有校园足球特色学校全面实现校园足球教学标准化,以校园足球教育教学改革带动学校体育改革发展。

三是完善竞赛体系。完善"校内(班级、年级)联赛—校际联赛—选拔性竞赛—

出国交流比赛"为一体的校园足球竞赛体系。加大校园足球普及力度,强化考核,推动各地切实开展校园足球小学、初中、高中、大学四级联赛,以赛促训、以赛促建,让优秀校园足球运动员在联赛比拼中脱颖而出、不断成长。

进一步提高校园足球夏令营工作质量和水平。公布2015－2017年全国青少年校园足球夏(冬)令营最佳阵容名单,接受社会和学生家长监督。规范校园足球夏令营组织工作流程,整体提高质量和水平。以德为先,强化对学生的品德考核,把学生的品行表现作为校园足球夏令营最佳阵容选拔的重要依据。进一步引导和要求各地规范化开展省级校园足球夏令营,公正公开透明选拔校园足球最佳阵容,做实校园足球选拔性竞赛体系。

规范有序开展校园足球赛事。尊重规律,突出校园足球特点,在调研摸清当前全国各地已经开展的各项校园足球赛事的基础上,会同中国足协和各省级校园足球工作管理机构科学统筹全国青少年足球赛事,切实发挥赛事的展示运动技能、提高竞技水平、育人的综合作用。

四是建好"满天星"训练营。贯彻落实习近平总书记7月5日在柏林观看中德足球友谊赛时的重要指示,完善校园足球课余训练体系,在2017年试点建设10个校园足球"满天星"训练营并总结经验的基础上,从2018年起加大资金投入,在全国精心布局50个左右的全国校园足球"满天星"训练营,选聘高水平足球外教和中国本土教练执教,严格落实每周"两训一赛"要求,打牢做实校园足球教学训练竞赛体系,搭建高水平、有发展潜质的校园足球运动员训练和竞赛平台,为有发展前途的足球苗子成长保驾护航,创造条件提高校园足球优秀学生运动员的足球竞技水平,开辟中国优秀足球竞技人才成长新通道。同时,通过政策引导积极推动各地参照全国校园足球"满天星"训练营模式,组建省级、市级、县级训练营。

五是全面提升改革试验区和试点县(区)建设发展质量。校园足球各项工作都要着力制定标准、强化评估、突出绩效考核,着力解决校园足球发展的不平衡、不充分、不到位问题。研究出台加强校园足球改革试验区和试点县(区)工作考核标准并推进年度考核制度,推动改革试验区和试点县(区)全面落实校园足球教学、训练、竞赛体系建设任务,以改革试验区和试点县(区)卓有成效的改革发展工作优化校园足球区域布局,推动全国青少年校园足球工作质量和水平整体提升。

六是畅通升学通道,突破发展政策瓶颈。会同中国足球协会认定全国青少年校园足球夏令营最佳阵容为国家一级运动员、省级青少年校园足球夏令营最佳阵容为国家二级运动员。破解政策壁垒,打通校园足球优秀运动员升学"最后一公里",畅通他们升入初中、高中、大学的通道,进一步激励全国更多的青少年学生参加足球运动。

(三)凝聚多方合力,优化发展环境

当前,有关部门、地方各级党委和政府、相关社会组织和企业等支持和参与校园足球发展的积极性很高,教育部将会同有关部门,进一步凝聚多方力量,整合各方面社会资源,从足球场地设施建设、资金投入、运动员意外伤害保险等方面加大综合保障体系建设,切实满足参与校园足球运动学生的发展成长预期,保障他们的积极性和安全健康。

强化与足协、体育部门的合作。一方面,要互相支持、互通有无,在教学、训练和竞赛、教练员培训等方面相关扶持;另一方面,要目标统一、分工协作、整体推进。

《2015—2017 年各省(区、市)青少年校园足球发展综述》

2015 年以来,各省(区、市)校园足球工作坚持"教学是基础、竞赛是关键、体制机制是保障、育人是根本"的校园足球发展思路,以"提高体质健康水平,教会足球运动技能,培养爱国主义、集体主义精神和顽强拼搏的意志品质,打牢中国足球腾飞的人才基础"为发展目标,扎实工作,开拓创新,校园足球工作实现了从无到有、从有到强发展的"加速度",开创了适合各地实际的校园足球发展道路。

一、校园足球制度建设

各省(区、市)高度重视校园足球的普及和推广,以改革创新为驱动,加强顶层设计,理顺体制机制,稳步推进政策落实,取得了良好效果。各省(区、市)均成立了由教育、发改、财政、新闻广电、体育、共青团、足协等部门共同参与的校园足球工作领导小组,明确了各成员单位的职责分工,制定了加快校园足球发展的实施意见等制度文件,校园足球制度体系日臻完善。

北京、山西、内蒙古、江西等地成立校园足球协会,充分利用社会专业力量推动校园足球发展。天津市健全激励机制,将足球工作和教师绩效工资奖励挂钩,实行班主任负责制。江苏省大力实施青少年足球"百千万"普及工作,建立100个适合足球联赛标准的校外足球场地,创建1000所校园足球特色学校,发展1万名以上注册运动员。江西、山东、陕西等地将校园足球纳入全省初中毕业升学体育考试选考项目,鼓励学生掌握1—2项运动技能,促进学生德智体美全面发展。安徽省将校园足球开展情况纳入政府目标绩效管理考核内容。四川省确定"10个有""5个一票否决"标准和"特色示范学校"等3个层次。河南省要求校园足球特色学校要做到"六个一",即必须修建一片足球场、配备一名受过足球专业训练的体育教师、为每个学生配备一本足球教科书、为每个学生配备一个足球、每年要办一次校园足球文化节、要建立一支学校代表队。

二、校园足球教学、训练、竞赛体系建设

(一)校园足球教学体系建设

教学是基础。各省(区、市)深入推进体育教学改革,加强校园足球课堂教学管理,开设多层次、多门类的校园足球课程,建设校园足球教学研究基地,校园足球教学体系逐步健全。

北京市研究制定《北京市中小学校园足球教学指南》,鼓励有条件的学校开展以足球为特色的"一校一品"体育教学改革,举办北京市中小学校园足球课堂教学现场会,加强优质教学资源引领辐射。上海市开发了《蒙蒙讲足球》系列普及读物,与耐克公司合作引进了国外先进足球课程资源,积极推进足球进课程,要求校园足球联盟学校至少每周开设一节足球课和一节足球活动课。辽宁省引导学校开发足球校本课,将足球项目融入"体育艺术2+1"活动内容。贵州省将足球技能教学列入全省中小学体育优质课评选指定教学内容。江苏依托南京体育学院和淮阴师范学院成立2所足球学院;安徽省依托安徽师范大学、淮北师范大学和合肥师范学院成立 3 所足球学院;广西壮族自治区依托广西师范大学成立广西青少年校园足球教学与技能研究培训基地。

(二)校园足球训练体系建设

训练是重点。各省(区、市)积极探索建立各类校园足球训练营,充分利用社会资源大力开展校园足球课余训练,不断完善校园足球多层次、立体化的课余训练体系。

浙江省在全省设立校园足球精英训练营,聘请专业足球教练员对参训球员进行全面辅导,其中男子训练营设在杭州绿城足球俱乐部,女子训练营设在桐庐女子足球基地。湖北省设立 7 个省级青少年足球训练中心、19 个社区(校外)青少年足球活动中心和 10 个青少年足球最佳社团,不断完善课余训练体系。重庆市引进意大利 AC 米兰足球青训资源参与校园足球发展,重庆八中宏帆学校、重庆市人民小学等 12 所学校成为意大利 AC 米兰青训营重庆基地学校。

(三)校园足球竞赛体系建设

竞赛是关键。各地基本建立了"校内竞赛—校际联赛—选拔性竞赛"为一体的校园足球竞赛体系,校园足球四级联赛比赛场次、参赛人数呈现逐年上升趋势,部分地区校园足球品牌赛事影响力逐年增大。

浙江省校园足球四级联赛直接参与、惠及学生 50 余万人,真正面向全体学生。黑龙江省建立了分区赛赛事监督体制,加大对各地市四级联赛督查和指导力度,举办"颠球王、神射手、运球王"等足球专项小型竞赛。吉林省支持各地开展足球特色竞赛活动,长春、辽源等地连续两年举办雪地足球联赛。山西省组织近 2000 名女生参加了 2017 年国际足联 Live Your Goals 第二片区趣味游戏和比赛。北京国际青少年足球邀请赛、中国(上海)国际青少年校园足球邀请赛、江苏"一带一路"和"珂缔缘"杯国际青少年足球邀请赛、福建省厦门市"友城杯"青少年国际足球邀请赛等足球品牌赛事影响力不断增加,推动了校园足球地区间、国家间的交流。

三、校园足球支撑保障体系建设

（一）校园足球师资队伍建设

师资是大力发展校园足球的基础保障。2015年以来，各省（区、市）通过加大体育教师招录力度、加强足球师资培训等多种方式，初步建立起了发展校园足球的专业教师队伍。

重庆市通过多种形式新招聘足球专职教师近500人，为全市加快推进校园足球发展补充了有生力量。内蒙古自治区组织内蒙古师范大学、内蒙古师范大学鸿德学院、包头师范学院等高校开展在校大学生足球教练员、英语翻译、幼儿足球教师培训工作，破解师资队伍建设难题。浙江省加强足球高水平运动队建设，已有3所省级高校高水平足球队；吉林省新增5所高校高水平足球队。上海市通过校园足球公益项目在全球招募优秀师资，为10个区的35所中小学引入外籍教练员，打好"基座"培养中国足球的"塔尖"。云南省从2015年起每年单独安排100个本科招生计划，专门培养校园足球专业人才。新疆维吾尔自治区从2015年开始，在新疆师范大学、喀什大学、伊犁师范学院3所学校体育教育专业本科共招收足球方向学生200余人。

（二）校园足球资金投入、场地建设

2015年以来，中央财政累计投入校园足球工作6.48亿元，带动各省（区、市）投入超过196亿元，各省（区、市）基本配套了相应的校园足球专项资金。各省（区、市）按照因地制宜、逐步改善的原则，积极落实《全国足球场地设施建设规划（2016—2020年）》，加强校园足球场地设施建设，满足校园足球需求。

广东省2016、2017年每年安排校园足球专项资金1.5亿元，部分地市专门配套安排了校园足球专项经费，为校园足球工作开展提供了有力保障。天津市将校园足球场地建设纳入学校建设总体规划，3年共新建校园足球场地89片。重庆市3年来新建校园足球场60片（11人制18片、7人制20片、5人制22片），改扩建校园足球场40片，维护修缮校园足球场50片。四川省2015年新建、改扩建足球场548片，总面积103万平方米；2016年新建、改扩建校园足球场地572片，总面积

112 万平方米,总投入达 3.96 亿元。海南 3 年来新增足球场地共 1400 多亩。宁夏回族自治区推进学校体育场地设施向社会开放,492 所学校非教学时间学校体育设施向社会开放,提升了学校周末、寒暑假等时段的场地利用率。

(三)校园足球运动风险防控体系建设

各省(区、市)在加强校园足球运动风险管理、健全校园足球安全防范制度、完善校园足球保险机制等方面进行了积极探索。

上海市在全国首创"校园运动伤害专项基金",为学校和家长解除了后顾之忧。山东省鼓励各地政府试点推行学生体育安全事故第三方调解。浙江、吉林等地制定安全防范制度和应急预案,加强对场地设施的安全检查和管理。河北、青海、西藏等地在全面实施校方责任险的基础上,不断完善保险机制,积极推进政府购买服务,提升校园足球安全保障水平。

四、校园足球典型经验与特色做法

各省(区、市)在校园足球工作实践中积累了大量较为成熟的典型经验与特色做法,进一步提升了校园足球的影响力,在广大青少年中掀起了爱足球、看足球、踢足球的热潮,营造了全社会关心、支持校园足球发展的良好氛围。

内蒙古自治区创建 293 所校园足球特色幼儿园;江苏省创建 135 所校园足球幼儿园;吉林省研发"中国娃娃足球"项目,指导省内 80 多家幼儿园开展娃娃足球。各地通过将足球育人功能与幼儿的天性有机结合,让幼儿真正感受到足球运动的快乐,逐步培养幼儿足球兴趣。上海市与足球发达国家、国际知名足球组织开展合作与交流,授予著名足球运动员麦克·欧文"上海市校园足球联盟公益大使"称号,借助其影响力吸引青少年学生走向绿茵场。江西省创造性开展了"助力留守儿童圆梦绿茵"活动和校园足球农村(留守儿童)教学示范点建设工作。湖北省加大对女子、留守(流动)儿童和残疾儿童及老少边远地区学生足球活动的扶持,布局 20 所女子足球试点学校、26 所留守(流动)儿童足球示范学校和特殊教育足球示范学校以及老少边远地区足球示范学校。河南省筹划拍摄六集校园足球科教片,策划拍摄首部校园足球微电影《福乐青春》。"山娃足球"项目已走进近百所农村偏远学校。北京市每年培养 1000 名校园足球小记者，以学生的视角生动传递校园足球正能量。甘肃省通过成立教师足球队、家长足球队开展师生足球对抗赛、亲子足球对抗赛等一系列家校足球活动，进一步宣传校园足球文化。

《全国青少年校园足球 2016 工作总结和 2017 工作计划》

一、2016 年全国青少年校园足球工作总结

2016 年，在教育部、国家发展改革委、财政部、体育总局、新闻出版广电总局、共青团中央和中国足协的共同努力下，全国青少年校园足球工作领导小组深入贯彻落实《中国足球改革发展总体方案》和《教育部等 6 部门关于加快发展校园足球的实施意见》，积极推进青少年校园足球工作，在提高普及水平、深化教学改革、完善竞赛体系、提高师资水平和营造良好氛围等方面做了大量卓有成效的强化工作。

（一）扶持特色引领，提高普及水平

注重扶持特色、引领普及，遴选和支持校园足球特色学校加强建设、深化改革、提高水平、办出特色。2016 年组织开展了第二批全国青少年校园足球特色学校、校园足球试点县（区）和改革试验区的遴选认定工作，通过自主申报、部门审核和综合认定等程序，完成了 4754 所全国青少年校园足球特色学校和 31 个校园足球试点县（区）的认定工作。截至目前，已分两批次综合认定并命名 13381 所校园足球特色学校、69 个校园足球试点县（区）。此外，全国校足办还确定了内蒙古自治区、青岛市、厦门市和吉林延边朝鲜族自治州等 4 个全国校园足球改革试验区，有力推动了青少年校园足球普及水平的提高。

（二）深化教学改革，提升教学质量

积极推动校园足球教学改革，规范指导中小学足球教学工作。全国校足办研制并发布《全国青少年校园足球教学指南（试行）》《学生足球运动技能等级评定标准（试行）》，编写了 360 节校园足球示范课教案，确定了足球教学示范课的核心内容。组织青少年训练专家拍摄了 365 集足球运动技能教学示范视频，明确了校园足球教学的规范要求，指导校园足球的训练实施和技能评定，有力推动了中小学深

化足球教学改革。

(三)强化师资培训,提升教师水平

不断加强青少年校园足球师资队伍建设,提高校园足球有关从业人员的工作能力和综合素养,支持校园足球特色学校发展。印发了《教育部办公厅关于开展2016年全国青少年校园足球骨干师资国家级专项培训的通知》,对全国1.6万余名中小学校长、体育教师、教练员、裁判员、教研员进行了培训。继续实施校园足球师资海外引智计划,2016年聘请115名高水平外籍足球教师到国内中小学校任教。

(四)积极开展竞赛,完善竞赛体系

积极鼓励、支持校园足球特色学校开展校内竞赛,加强校园足球竞赛体系建设,开展了小学、初中、高中和大学四级青少年校园足球联赛。2016年,完成了20项校园足球高中和高校联赛,比赛场次952场,近7500名高中生和大学生参与。由10个省份承办了14个营区的全国青少年校园足球夏令营分营活动和3个总营活动,来自全国1730所中小学的5284名足球运动员和2010名教练员参加了活动。通过开展足球训练与竞赛、运动员选拔、教练员培训、爱国主义教育等活动,丰富了校园足球文化活动内容。

(五)推进国际交流,开阔思路视野

2016年,青少年校园足球对外交流合作工作取得新突破。教育部与德国足协签署了《关于中国大中小学校园足球发展合作谅解备忘录》,全面加强青少年足球领域的交流与合作,重点为足球教师培训和青少年校园足球运动员选拔体系建设方面开展合作。在中法、中英高级别人文交流机制下,选送660名校园足球教练员分赴法国和英国进行了为期3个月的培训。2015年入选全国校园足球最佳阵容的62名学生于国庆节期间赴西班牙进行了为期一周的培训和比赛,其间与马德里竞技俱乐部足球学校球队进行了四场比赛,取得了两胜一平一负的战绩。

(六)加强督导检查,深化部门协作

全国校足办与法国足协、西班牙职业足球联赛联盟等进行了意向合作洽谈。

开展了青少年校园足球重点督察工作,完成了对天津、内蒙古、江苏、河南、江西、陕西等6省份的专项督导工作,并形成督导报告报中央全面深化改革领导小组办公室。配合发展改革委、财政部、人社部等部门研制了《中国足球中长期发展规划(2016—2050年)》《中国足球发展基金会方案》《关于加强职业足球俱乐部劳动用工管理的意见》等文件,积极改善足球发展的环境和氛围。

(七)加强宣传引导,营造良好氛围

以纪念红军长征胜利80周年为契机,组织开展了"全国青少年校园足球新长征"大型宣传推广活动,活动覆盖31个省份和新疆生产建设兵团。中国教育报、中国教育电视台等媒体对"青少年校园足球万里行"进行了专题报道,受到社会各界广泛关注。组织中国教育电视台拍摄了"校园足球先锋"和"校园足球夏令营"等专题片,直播、转播校园足球夏令营比赛,在广大青少年中掀起了爱足球、看足球、踢足球的热潮。依托2015年夏令营拍摄的《中国少年足球战队》纪录片获首届意大利中国电影节纪录片大奖。

二、2017年全国青少年校园足球工作计划

2017年是全面推进校园足球教学、训练和竞赛体系建设的关键之年,也是校园足球深化改革、形成稳定机制的关键之年。全国青少年校园足球工作的总体思路是:贯彻落实党中央、国务院有关足球工作和《中国足球改革发展总体方案》的部署,深入落实《教育部等6部门关于加快发展校园足球的实施意见》,按照"高站位谋划、精细化落实、高水平发展"的原则,坚持整体推进与重点突破相结合,创新体制机制,全面提高校园足球普及水平,加强政策宣传和分类指导,深入推进校园足球国际合作,因事而化,因时而进,因势而新,推动校园足球工作迈上新台阶。

(一)以构建立体普及格局为根本抓手

1.着力提高校园足球特色学校的建设质量和水平。继续推进校园足球特色学校、校园足球试点县和改革试验区建设,积极构建"特色学校+试点县(区)+改革试验区"为一体的立体推进格局。完善校园足球特色学校的遴选机制,按照遴选标准和布局安排,组织开展2017年全国青少年校园足球特色学校、试点县(区)和改

革试验区的遴选工作,培育一批校园足球教育教学典型,发挥其在发展青少年校园足球中的引领、示范和带动作用,带动青少年校园足球整体发展。2017 年,在进一步优化布局的基础上,校园足球特色学校争取提前完成建设 2 万所的任务。未来到 2025 年校园足球特色学校将达到 5 万所。同时,切实加强对全国青少年校园足球特色学校的指导与监管,完善考核评价与管理办法并实施督查,完成对 13381 所校园足球特色学校的摸底普查工作,建立退出机制。

2.切实打造校园足球改革试验标杆。依托校园足球试点县和改革试验区规范推进校园足球教学、训练、竞赛体系和保障体系建设,与校园足球试点县(区)和改革试验区签订推进校园足球改革发展备忘录,加大政策和经费扶持力度,尝试建立业余校园足球俱乐部和校园足球协会制度,引领全国校园足球发展。

(二)以完善教学、训练、竞赛体系建设为根本任务

1.深化教育教学改革。鼓励有条件的学校开展以足球为特色的"一校一品"体育教育改革工作,规范指导校园足球特色学校的教学工作,实施《全国青少年校园足球教学指南(试行)》和《学生足球运动技能等级评定标准(试行)》。加快宣传推广 365 集中小学生足球技能示范视频,制作完成 360 集校园足球教学示范课。规范校园足球课外训练,研制、发布《青少年校园足球课余训练大纲》,指导学校组织开展校园足球课余训练。研制校园足球"满天星"精英训练营建设方案并推进建设。

2.完善竞赛体系。印发《全国青少年校园足球教学训练竞赛体系建设方案》,建立稳定的赛事、完备的赛系和严明的赛纪。印发《关于做好 2017 年全国青少年校园足球教学竞赛相关工作的通知》,组织开展好 2017 年全国青少年校园足球竞赛工作。精心筹划,认真组织 2017 年全国校园足球夏(冬)令营活动。规范竞赛管理,加快推进稳定规范的赛制建设,让校园足球特色学校的校内比赛、市内联赛成为常态化赛事。出台《高校高水平运动队建设管理办法》,建设和完善以城市足球竞赛为龙头的高校高水平足球队竞赛体系。开展普通高校足球专业学院建设的调研工作。

3.加强师资队伍建设,高标准建设教练员培训基地。完善足球师资培训体系,组织开展 2017 年全国青少年校园足球骨干师资国家级专项培训和新增校园足球特色学校校长培训。加强校园足球教练员培训基地建设,依托有条件的高校和机构建设 6－8 个校园足球教练员培训基地,聘请国内专业足球讲师和外教大规模培训校园足球教练员,2017 年计划培训 3000 名校园足球教练员,未来将实现为每所校园足球特色学校培养 1－2 名持有 D 级或以上教练员等级证书的校园足球教师、教练员的目标,着力提升校园足球教师、教练员的教学实践能力和综合职业素养。

(三)以落实服务措施为根本保障

积极配合国家发展改革委等部门加快场地设施改造建设,按照《全国足球场地设施建设规划(2016－2020 年)》,加大场地设施建设力度,把校园足球场地建设纳入足球场地建设规划,创造条件满足校园足球的发展。

会同中国足协等部门就校园足球发展中亟须解决和完善的有关政策和问题进行调研并提出对策。处理好校园足球与青训体系的关系,对接好校园足球四级联赛和 U 系列竞赛及选拔机制,建立健全足球运动员注册共享机制,研制一批青少年校园足球行业标准,加强对青少年校园足球的指导。

(四)以强化国际交流合作为重要导向

一是落实中德《关于中国大中小学校园足球发展合作谅解备忘录》,组织开展中德青少年校园足球友谊赛。二是坚持选拔关口前移,精心选拔 400 名校园足球教练员赴英国、法国开展 3 个月专业学习培训。三是与法国足协、西班牙足协签署合作协议。四是选派 2016 年入选全国校园足球夏令营最佳阵容的 100 名学生于 2017 年国庆节期间赴国外进行为期一周的集训。五是继续实施校园足球师资海外引智计划,拟聘请 120 名左右高水平外籍足球教师到国内中小学校任教。

(五)以加强典型宣传引领为重要方法

加强正面宣传,大力宣传校园足球改革发展取得的新进展、新成效,唱响主旋律,传播正能量,主动回应社会关切,牢牢把握舆论导向,为推动校园足球工作树典型、鼓干劲、添动力。积极争取中央电视台、教育电视台和地方电视台等转播校园足球四级联赛和校园足球有关大型活动。组织专家团队开展足球科学研究和科普知识宣传，面向社会、家长和学生进行广泛宣传，努力形成全社会关心和支持校园足球发展的良好氛围。

《首届全国青少年校园足球专家委员会工作有关情况》

一、成立情况

为深入贯彻落实党的十八大精神，全面落实中央关于青少年校园足球工作的部署，充分发挥专家学者对青少年校园足球发展的科学研究、专业咨询、业务指导等方面的作用，推动青少年校园足球工作的内涵式发展，发挥青少年校园足球工作的育人功能。全国青少年校园足球工作领导小组办公室经认真研究并广泛征求意见，决定成立全国青少年校园足球专家委员会。校园足球专家委员会受校足办的委托，开展校园足球的研究、咨询、指导、评估和服务等工作。

具体职责包括：接受校足办关于校园足球工作的咨询；制订专业规范或教学质量标准；就校园足球的学科建设、课程与教材建设、足球教师队伍建设、训练体系建设、课外活动建设、竞赛体系建设、体育道德与赛风赛纪、国际交流与合作等提出意见和建议；组织开展校园足球领域的理论与实践研究；组织开展学术研讨和信息交流活动，促进研究成果向实际工作的转化，促进校园足球文化建设，做好校园足球理念传播；接受校足办的委托，对校园足球工作进行调研、指导和服务。首届任期两年，到 2017 年 6 月。

二、工作开展情况

在全国校足办的领导下，校园足球专家委员会积极发挥智库作用，既给予技术指导，也给予技术支持，同时在校园足球文化氛围的营造中积极发声。深入基层，深入一线，主动推动校园足球工作的开展。主要在以下几方面做出努力。

（一）研究和审议校园足球重要指南文件

2016 年 2 月在广东恒大举行的专家委员会会议中，校园足球专家委员会成员共同评定和审议了《全国青少年校园足球教学指南(试行)》和《学生足球运动技能等级评定标准(试行)》,为学校开展校园足球教学提供了重要的教学指导和技能评定标准。专家委员会就两份文件从专业角度提出若干具有建设性的意见和建议,有利于规范和指导中小学积极开展教学活动,科学提升校园足球教学质量。

(二)承担夏令营和冬令营活动的专家团队任务

在已经举办的 2015、2016 两年全国青少年校园足球夏令营和冬令营活动中,专家委员会成员朱广沪、臧连明、孙葆洁、邓世俊、余东风等专家组成的专家团队,亲临营地,全程参与,一方面为教练员开展培训和指导工作,另一方面考察培养球员,为活动的成功举办贡献力量。

(三)积极帮扶试点县(区),“结对子”工作持续开展

2015 年 11 月,专家委员会成员与首批校园足球试点县(区)开展“结对子”工作,专家们亲自到这些县(区)指导、交流,开展帮扶工作,协助地方开展师资培训、联赛指导、制定发展规划等,为当地校园足球的发展出谋划策。专家的足迹覆盖了全国各地区,包括西藏、新疆、贵州、云南、黑龙江等偏远地区。据不完全统计,各地相关工作的新闻报道达 600 余篇。有的地方电视台还进行了人物专访,充分发挥了专家示范效应与宣传优势,在当地引起了强烈反响,增强了一线工作人员的信心,同时为其他学校树立了良好的榜样。特别是具有明星效应的专家,有效提升了当地校园足球的文化氛围。

(四)积极参与校园足球新长征宣传活动

“校园足球新长征”系列活动中专家们也是积极参与,特别是汤姆·拜尔等知名专家教练,亲赴部分地区进行授课和交流,极大地提升了当地学生及家长对足球的热情,也在全国范围内广泛宣传了体育和足球运动的综合育人价值,带动了学校体育的改革发展,播种了足球的种子。

(五)传播校园足球文化

在校园足球的普及推广过程中,受传统观念和刻板印象的影响,媒体不时会有不同的声音包括一些媒体并未深入调查,仅从表面上以偏概全,以表否实,校园足

球专家采取适度解释的方式,积极介绍宣传校园足球目前的开展情况,引导媒体公正评价校园足球,促进校园足球在正常轨道和良好的舆论氛围中继续前进。筹划编辑了校园足球的"五问五答"宣传材料,组织召开校园足球网络媒体宣传研讨会,向媒体工作者阐述校园足球的工作理念和其重要意义,梳理校园足球发展中遇到的瓶颈和困难,为校园足球的文化传播出谋划策。

《教育部办公厅关于印发〈全国青少年校园足球工作领导小组第二次会议纪要〉的通知》(教体艺厅〔2017〕4 号)

各省、自治区、直辖市教育厅(教委),新疆生产建设兵团教育局:

2017 年 1 月 24 日,全国青少年校园足球工作领导小组第二次会议在教育部召开,会议的主要内容是深入贯彻落实习近平总书记、李克强总理和刘延东副总理等中央领导同志关于发展校园足球工作的重要批示和指示精神,总结 2016 年全国青少年校园足球工作,研究部署 2017 年全国青少年校园足球工作。此次领导小组会议的召开,对推动 2017 年和今后一个时期全国青少年校园足球工作具有重要指导意义。现将此次会议纪要印发给你们,请遵照执行。

教育部办公厅

2017 年 3 月 20 日

《全国青少年校园足球工作领导小组第二次会议纪要》

2017 年 1 月 24 日上午,全国青少年校园足球工作领导小组(以下简称领导小组)第二次会议在教育部北楼九层大会议室召开。会议的主要内容是深入贯彻落实习近平总书记、李克强总理和刘延东副总理等中央领导同志关于发展校园足球的重要批示指示精神,总结 2016 年全国青少年校园足球工作,审议有关工作文件,研究部署 2017 年全国青少年校园足球工作重点。领导小组组长、教育部部长陈宝生,领导小组副组长、国家体育总局副局长、中国足协主席蔡振华以及领导小组成员出席会议。领导小组副组长、教育部副部长沈晓明主持会议。领导小组办公室成员列席会议。

会议听取了关于《2016 年全国青少年校园足球工作总结》《2017 年全国青少年校园足球工作计划》《拟增加上海等 7 省市为全国青少年校园足球改革试验区的请示》《拟与全国青少年校园足球改革试验区和试点县(区)签署改革发展备忘录的说明》《拟与有关国家签署校园足球发展合作谅解备忘录的说明》《全国青少年校园足球教学训练竞赛体系建设方案》等有关文件和材料的说明。

2016 年,领导小组办公室完成了 4754 所全国青少年校园足球特色学校和 31 个校园足球试点县(区)的认定工作。截至目前,已认定命名 13381 所校园足球特色学校、69 个校园足球试点县(区)。确定内蒙古自治区、青岛市、厦门市和吉林省延边朝鲜族自治州等 4 个全国青少年校园足球改革试验区。发布了《全国青少年校园足球教学指南(试行)》《学生足球运动技能等级评定标准(试行)》,编写了 360 节校园足球示范课教案,拍摄了 365 集足球运动技能教学示范视频,规范了校园足球教学要求。对 1.6 万余名中小学校长、体育教师、教练员进行了培训。通过校园足球师资海外引智计划聘请 115 名高水平外籍足球教师到国内任教。

加强校园足球竞赛体系建设,开展了小学、初中、高中和大学四级校园足球联赛。完成了 14 个营区的全国青少年校园足球夏令营分营活动和 3 个总营活动,带动 1730 所中小学的 5284 名足球运动员和 2010 名教练员参加了活动。与德国足协签署了《关于中国大中小学校园足球发展合作谅解备忘录》,深入推进中德青少年足球领域的交流合作。选送 660 名校园足球教练员分赴法国和英国进行 3 个月的培训。选送 62 名学生于国庆节期间赴西班牙进行了一周的培训和比赛,并与西班牙马德里竞技俱乐部足校同年龄组球队进行了四场友谊赛,取得两胜一平一负的战绩。

完成了内蒙古、江苏等 6 省份校园足球工作的专项督导工作。与有关部门联合印发了《全国足球场地设施建设规划(2016—2020 年)》,到 2020 年,全国规划建设足球场地约 6 万块,其中 4 万块将作为校园足球场地。配合有关部门研制了《中国足球中长期发展规划(2016—2050 年)》等文件,积极改善足球发展的环境和氛围。组织开展了"校园足球新长征""校园足球神州行"等大型宣传推广活动。拍摄了《校园足球先锋》《校园足球夏令营》等专题片,直播、转播了校园足球夏令营比赛。依托校园足球夏令营拍摄的《中国少年足球战队》纪录片,荣获首届意大利中国电影节纪录片大奖。

与会领导小组成员审议了提交会议的有关材料并发言。大家一致认为,在领导小组的坚强领导下,2016 年青少年校园足球工作取得明显成效,在优化顶层设计、创新体制机制、提高普及水平、深化教学改革、完善竞赛体系、强化师资培训、推进国际交流和加强宣传工作等方面做了大量卓有成效的工作,实现了打牢基础与扩大规模、内涵发展与提升质量、目标统揽与机制创新的有机统一。

会议原则通过领导小组办公室提交的《2016 年全国青少年校园足球工作总结》《2017 年全国青少年校园足球工作计划》《关于拟与全国青少年校园足球改革试验区和试点县(区)签署改革发展备忘录的说明》《关于拟与有关国家签署校园足球发展合作谅解备忘录的说明》《全国青少年校园足球教学训练竞赛体系建设方案》等文件和材料。会议同意新增上海市、云南省和深圳市、武汉市、成都市、兰州市、郑州市为全国青少年校园足球改革试验区,会后由领导小组办公室起草批复文件。会议同意由领导小组授权领导小组办公室参照中德青少年校园足球发展合作谅解备忘录文本,草拟与法国、西班牙等有关国家签署校园足球发展合作备忘录的文本,并经教育部政法司、国际司合法合规性审查后签署。

领导小组副组长、国家体育总局副局长、中国足协主席蔡振华充分肯定了2016 年全国青少年校园足球工作在政策体系建设、完善竞赛体系、推动国际交流等方面取得的显著进步。要求各相关部门提高思想认识,不断增强发展青少年校园足球的责任感和使命感;坚持久久为功,为青少年校园足球长远发展奠定坚实基础;坚持问题导向,扎实推进 2017 年全国青少年校园足球工作。

领导小组组长、教育部部长陈宝生在总结讲话中强调指出,党的十八大以来,习近平总书记对加快体育事业发展提出了很多新理念新思想新战略,目标明确、重点突出、路径明晰。要深刻认识新形势下发展青少年校园足球工作的重要意义,从娃娃抓起,从基层抓起,从群众性参与抓起,推动青少年校园足球工作深入开展。这是教育系统实现立德树人根本任务的使命所在,也是事关我国体育事业发展的全局性、战略性、长远性工作,体现了持续发展的战略思想,反映了百姓的殷切期待。发展青少年校园足球要把握好五个定位:一是校园足球工作从娃娃抓起,体现了代际传承、持续发展的战略思想。二是抓好校园足球工作肩负着党中央、国务院和习近平总书记的嘱托,责任重大,使命光荣。三是把中国足球搞上去是老百姓的期待,发展校园足球就是要满足群众期待、百姓期待。四是发展校园足球就要认真面对球迷的遗憾,开辟优秀足球人才成长的新通道。五是发展校园足球、推进学校体育改革发展是教育部门的光荣使命。

陈宝生对做好 2017 年全国青少年校园足球工作提出七点要求。一是做大分母抓普及。要发挥人口资源优势,切实提高普及率,夯实未来中国足球崛起的青少年基础。二是做强分子抓竞赛。要进一步完善校园足球竞赛体系,与青训体系紧密结合,从竞赛中选拔优秀后备人才。三是师资队伍抓培训。要逐级落实教体结合要求,通过现有教师队伍结构调整、招聘、兼职等形式补充一批师资,通过培训提高师资水平。四是有序发展抓标准。要建立完善严格的分层、分类标准体系,通过制度建设,健全竞赛、人才培养和工作标准体系。五是保障条件抓短板。要坚持内涵与外延并重,用好现有资源,调动地方积极性,解决师资、场地短板。要统一认识,引入竞争,形成校园足球健康发展的管理模式,解决管理短板。六是开阔眼界抓交流。要加强国际交流与合作,将足球强国强调的爱国主义、合作精神、规则意识融入校园足球工作,服务立德树人需求。七是加强管理抓协同。领导小组成员单位要加强合作,有机衔接,增进部门间相互支持,共同推动青少年校园足球健康发展。

会议要求领导小组办公室要精心组织实施 2017 年校园足球工作计划,领导小组各成员单位要进一步明确职责分工,加强统筹协调,完善会商机制、政策制度和工作程序,坚持问题导向,突出重点狠抓落实,凝聚共同促进青少年校园足球健康发展的强大合力。

《教育部办公厅关于加强全国青少年校园足球改革试验区、试点县(区)工作的指导意见》(教体艺厅〔2017〕1 号)

各省、自治区、直辖市教育厅(教委),新疆生产建设兵团教育局:

为贯彻《国务院办公厅关于印发〈中国足球改革发展总体方案〉的通知》(国办发〔2015〕11 号)精神,落实《教育部等 6 部门关于加快发展青少年校园足球的实施意见》(教体艺〔2015〕6 号)、《全国校园足球特色学校基本标准(试行)》要求,加快改革步伐,积累典型经验,示范和带动全国校园足球整体发展,教育部先后遴选确立了青岛市、厦门市、延边朝鲜族自治州等校园足球改革实验区及北京市延庆区等全国青少年校园足球试点县(区)。在现有工作的基础上,将继续开展校园足球改革实验区和试点县(区)的遴选工作。为推动和指导改革实验区、试点县(区)工作,现提出以下指导意见:

一、总体要求

全面贯彻落实党的十八大和十八届三中、四中、五中、六中全会精神,深入学习贯彻习近平总书记系列重要讲话精神,把校园足球改革发展作为推进素质教育,引领学校体育改革创新的重要突破口和重要举措。各改革实验区、试点县(区)要认真履行承诺,围绕青少年校园足球教学、课外活动、竞赛体系及师资培训等方面在区域内积极探索,通过先行先试,引领和带动全国校园足球的整体发展。各改革实验区、试点县(区)充分发挥足球育人功能,把发展青少年校园足球作为落实立德树人根本任务,遵循人才培养和足球发展规律,理顺管理体制,完善激励机制,优化发展环境,大力普及足球运动。到 2020 年前示范带动全省(区、市)基本形成政府主导、学校主体、行业指导、社会参与的发展格局,形成教学体系规范、训练架构完整、人才渠道畅通、竞赛体系完备的成熟发展体系。

二、重点任务

（一）健全工作机制。高度重视校园足球工作，将校园足球纳入地方发展规划和年度工作计划，并有效组织实施。建立以政府分管领导牵头，教育、体育、足协等多部门共同参加的校园足球工作领导小组，具体指导当地校园足球工作，形成齐抓共管的运行机制。制定本地区校园足球阶段性改革发展目标与措施，以及每年具体推进计划和实施方案。制定本区域校园足球特色校的考核管理办法，加强校园足球特色校的日常管理与指导。

（二）提高普及水平。着力扩大校园足球覆盖面，鼓励支持各年龄段学生广泛参与，试点县（区）校园足球特色校要占当地学校总数60％以上。大力组织和培育各级地方和校级足球队，推广普及足球文化，大力发展学生足球社团，让足球运动融入学生生活、扎根校园。经常开展校园足球文化宣传活动，建立校园足球信息发布平台，动态报道足球活动、交流工作经验、展示特色成果。

（三）开展特色教学。依据义务教育、普通高中课程方案和体育与健康课程标准《全国青少年校园足球教学指南（试行）》和《学生足球运动技能等级评定标准（试行）》，出台有关教学指导文件，积极开展教研活动，加大课程实施管理的研究，不断提高校园足球特色校学生足球运动技能等级合格率。所属辖区的足球特色学校每周至少安排一节足球课，有条件的学校开展以足球为特色的"一校一品"体育教学改革。加强校园足球的大课间、课外锻炼的常态化锻炼机制建设，开展丰富多彩的以足球为主题的阳光体育活动。逐步形成内容丰富、形式多样、因材施教、各学段相互衔接的青少年校园足球教学体系和活动体系。

（四）完善竞赛体系。完善校园足球竞赛体系，形成稳定规范的赛制。按照全国青少年校园足球竞赛方案，制定区域内开展足球课余训练和竞赛的相关方案，规范竞赛管理，构建包括校内竞赛、校际联赛、区域选拔在内的青少年校园足球竞赛体系。建成纵向贯通、横向衔接和规范有序的高校、高中、初中、小学四级青少年校园足球联赛机制。注重校园足球赛事与职业联赛、区域等级赛事、青少年等级赛事的有机衔接。每年组织开展本地足球联赛，积极参加区域内校园足球联赛和选拔性竞赛,鼓励各地加强国际交流,形成具有地方特色的和具有国际视野的赛事体系。形成遵纪守法、文明观赛,形成良好的青少年校园足球竞赛风气。

(五)畅通成长通道。积极构建青少年校园足球业余训练机制,组织当地的校园足球夏(冬)令营和训练营,积极利用校园足球特色校等重点资源,加强地方校园足球重点基地的布局和建设,确立固定时间,定期组织代表队,遴选有足球运动潜质、热爱足球运动的学生进行集训。各地要组织足球专业人员对校园足球课余训练、课外活动、教师培训和校内外竞赛等工作予以指导帮助。鼓励各地加强和社会组织的合作,积极探索建立具有地方特色的校园足球协会和足球俱乐部。在国家考试招生入学制度改革总体框架内,探索中小学招生相互衔接的招生模式,形成相应的招生及足球运动员合理流动政策,允许足球特长生在升学录取园足球学生运动员进入上一级学校、各类优秀运动队、有关足球职业俱乐部的通时合理流动,畅通校道,建立和完善教育、体育和社会相互衔接的人才输送渠道。鼓励高中毕业的校园足球学生运动员报考高校高水平足球运动队和运动训练、体育教育等专业。

三、保障措施

(一)配齐配强体育师资。加强体育学科教研员队伍建设,在核定编制总量内配齐体育教师,强化足球教师队伍建设,每年开展校园足球教师、教练员、裁判员的培训。通过各类外籍教师引智计划,加强校园足球教师的国际化交流,提升校园足球教师的教学与训练水平。落实好体育教师待遇问题,体育教师开展体育教学、足球训练和活动计入工作量,保证体育教师在评优评比、工资待遇、职务评聘等方面享受同等待遇。

(二)加大场地设施建设力度。认真执行《关于印发全国足球场地设施建设规划(2016—2020年)的通知》(发改社会〔2016〕987号)要求,把校园足球活动的场地建设纳入本行政区域足球场地建设规划,明确时间表、路线图,确保足球场地与器材实施满足教学、训练需要。统筹体育场地设施资源的投入、建设、管理和使用,同步推进学校足球场地在课余时间向学生开放,有条件的向社会开放以及社会足球场地设施向学校开放,形成教育与体育、学校与社会、学区与社区共建共享足球场地设施的有效机制,不断提高校内外运动场所和体育场馆的利用率。

(三)加大校园足球经费投入。认真执行《关于完善足球改革发展财政投入机制的意见》(财办教〔2015〕80号)的要求,在区域内加大对青少年校园足球的投入,设立校园足球专项资金对校园足球改革发展给予支持。探索建立政府支持、市场参与、多方筹措支持校园足球发展的经费投入机制。优化教育投入结构,积极创造条件,因地制宜逐步提高校园足球特色学校经费保障水平。

(四)强化安全风险防范意识。加强校园足球运动伤害风险管理,制定安全防范规章制度;建成区域性体育运动保险机制,在购买校方责任险的基础上,为学生建立体育运动意外伤害险,提升校园足球安全保障水平,解除学生、家长和学校的后顾之忧。

四、有关要求

各省级教育行政部门要加强指导,建立健全区域内监督、检查、考核机制,确保各改革实验区、试点县(区)各项工作的顺利开展。各改革实验区、试点县(区)要按照以上要求加强区域内校园足球改革的整体部署,尽快形成本地区的校园足球教学、训练、竞赛体系改革方案,形成规范的管理工作机制。有关工作方案以省级为单位于2017年3月31日前报我部体卫艺司,电子版发送至联系人邮箱,我部将在审核各地工作方案的基础上与各地签订校园足球改革与发展备忘录。

《教育部办公厅关于做好全国青少年校园足球特色学校复核的通知》(教体艺厅函〔2017〕27号)

各省、自治区、直辖市教育厅(教委),新疆生产建设兵团教育局:

为深入贯彻落实《国务院办公厅关于印发中国足球改革发展总体方案的通知》(国办发〔2015〕11号)、《教育部等6部门关于加快发展青少年校园足球的实施意见》(教体艺〔2015〕6号)(以下简称《实施意见》)精神,加快推进校园足球的普及,不断提高校园足球特色学校建设的质量。经研究,在2015年、2016年两批全国青少年校园足球特色学校遴选工作的基础上,决定组织开展全国青少年校园足球特色学校复核工作。现将有关要求通知如下：

一、工作目标

校园足球特色学校建设是推进校园足球改革和发展的重点工作,各地要切实贯彻《实施意见》精神,增强特色学校建设工作的责任感和使命感,把提高校园足球特色学校足球建设工作的质量作为深化教育教学和学校体育改革发展的重要任务来抓。各地要高度重视此次复核工作,以此次复核工作为契机,全面总结成果、深化改革创新,真正树立一批校园足球教育教学工作典型,使之在加快推进校园足球的改革发展中切实发挥示范引领作用。

二、复核范围

2015、2016 年被认定的全国青少年校园足球特色学校。

三、复核程序

1.组织开展复核。各地以省级为单位组建专家团队严格按照《全国青少年校园足球特色学校复核指标体系》(见附件 1)开展区域内的复核工作。重点复核组织领导、条件保障、教育教学、训练与竞赛等重点指标,并填报《全国青少年校园足球特色学校复核汇总表》(见附件 2)。

2.复核材料报送。请各省(区、市)于 2017 年 7 月 1 日前将省级复核验收报告发送至以下指定邮箱,纸质报告加盖公章后邮寄至北京市西城区大木仓胡同 37 号教育部体育卫生与艺术教育司体卫处。

四、有关要求

各地在复核过程中,不能随意降低标准,杜绝出现"重创建轻建设"现象,对复核中存在的问题,要限期整改,跟踪督查,不断完善准入退出机制。我部将在适宜的时间对省级部门的复核结果进行抽查和调研,对于达不到特色学校标准,整改不到位的学校,我部将予以取缔命名。

教育部办公厅

2017 年 5 月 15 日

附件1 全国青少年校园足球特色学校复核指标体系

评审指标	主要观测点	评审内容与分值	分值分配	得分
组织领导（10分）	落实国家政策,将校园足球纳入学校发展规划（4分）	学校体育指导思想明确,重视学校体育和学生体质健康工作,把校园足球作为增强学生体质健康的重要举措（1分）,将校园足球纳入学校发展规划和年度工作计划（1分）,有校园足球发展目标及规划并符合学校实际（2分）。	4	
	健全工作机制（2分）	成立校园足球工作领导小组,由校长专人负责,学校其他机构共同参与（1分）,领导小组成员分工明确（1分）。	2	
	完善规章制度（4分）	制定有校园足球工作招生、教学管理规章制度（1分）、课余训练和竞赛规章制度（1分）、运动安全防范措施与保障（1分）、师资培训规章制度（1分）。	4	

评审指标	主要观测点	评审内容与分值	分值分配	得分
条件保障 (27分)	体育师资队伍 (7分)	体育教师配备达到国家标准(2分),足球专项教师大于3、2、1人(含)以上(分别给4、3、2分),每年有一次以上培训机会(1分)。	7	
	体育教师待遇 (4分)	体育教师开展体育教学和足球训练及活动计入工作量(2分),并保证在评优评比与工资待遇(1分)、职务评聘(1分)等方面享受同等待遇。	4	
	场地设施建设 (10分)	场地设施、器械配备达到国家标准(3分),并建设有11、7、5人制的足球场地(分别给5、4、3分),能满足教学和课余足球训练需要,足球器材数量齐备、并有明确的补充机制(2分)。	10	
	体育经费投入 (6分)	设立有体育工作专项经费,每年生均体育经费不低于生均公用经费的10%(3分),能为学生购买有校方责任险(1分),并为学生新增购买运动意外伤害险(2分)。	6	

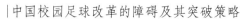

续表

评审指标	主要观测点	评审内容与分值	分值分配	得分
教育教学 （30分）	教学理念 （5分）	深化学校体育改革，坚持健康第一，每学年《国家学生体质健康标准》测试率达到100%（2分），把足球作为立德树人的载体，积极推进素质教育（1分），促进学生全面发展，健康成长，《国家学生体质健康标准》测试率优良率达到30%（2分）。	5	
	体育课时 （10分）	开足开齐体育课（1—4年级每周4学时，3—6年级每周3学时，7—9年级每周3学时，9—12年级每周2学时）（3分），义务教育阶段把足球作为体育课必修内容（2分），每周每班不少于一节足球教学课（3分），高中阶段学校开设足球选修课（1分），每天安排有体育大课间活动（1分）。	10	
	足球课程资源 （8分）	开发和编制有足球校本教材（3分），有详细的足球教学教案（2分），每周实施适合学生年龄特点的足球教学和课外活动3、2、1次（分别给3、2、1分）。	8	
	校园足球文化 （7分）	每学年有4、3、2、1次足球主题校园文化活动（如摄影、绘画、征文、演讲等）（分别给4、3、2、1分），建立有校园足球信息平台（1分），动态报道足球活动、交流工作经验、展示特色成果（2分）。	7	

评审指标	主要观测点	评审内容与分值	分值分配	得分
训练与竞赛（30分）	足球社团组织（8分）	学校成立足球俱乐部或兴趣小组（2分），小学三年级以上建有班级代表队（1分）、年级代表队（1分），学校建有校级男足球代表队（1分）、女队（1分），学生基本达到全员参与足球（2分）。	8	
	开展训练（10分）	学校足球代表队和课外足球俱乐部制定有系统、科学的训练计划（2分），每周开展课余足球训练4、3次（分别给3、2分），并配备有安全、医疗等应急方案（1分），每学期邀请校外专业教练员提供技术指导不少于5、4、3、2次（分别给4、3、2、1分）。	10	
	组织竞赛（8分）	制订有足球竞赛制度（1分）；每年组织校内足球班级联赛（2分），每个班级参与比赛场次每年不少于10、5场（分别给2、1分），积极参加区域内校园足球联赛（2分）；承办本地足球比赛次（1分）。	8	
	文化学习（4分）	对学校足球代表队运动员参加训练、比赛，制定有具体的文化学习计划和要求（2分），其文化学习成绩达到同年级平均水平（2分）。	4	
后备人才培养（3分）	输送优秀学生运动员（3分）	近年向上一级学校足球运动队输送优秀人才不少于3、2、1名（分别给3、2、1分）。	3	
总得分				
一票否决	1.未能确保每周一节足球课 2.《国家学生体质健康标准》优良率连续两年下降 3.未开展校内班级联赛活动			

《教育部办公厅关于加强全国青少年校园足球特色学校建设质量管理与考核的通知》(教体艺厅函〔2018〕18号)

各省、自治区、直辖市教育厅(教委),新疆生产建设兵团教育局:

全国青少年校园足球特色学校是普及发展校园足球的主体力量。2015年以来,已遴选认定20218所全国青少年校园足球特色学校。为切实加强全国青少年校园足球特色学校建设质量管理与考核,现就有关事项通知如下:

一、明确日常监管主体和监管责任。按照全国青少年校园足球工作领导小组办公室(以下简称全国校足办)的统一部署,各省级青少年校园足球工作领导小组办公室(以下简称省级校足办)依据属地管理原则,负责本地区全国青少年校园足球特色学校建设质量的日常指导和监管,对全国青少年校园足球特色学校和本地区命名的省级校园足球特色学校进行统筹管理、指导和监督。地方教育行政部门要把推进校园足球特色学校质量建设情况作为考核校园足球特色学校校长的重要依据。全国校足办和省级校足办要逐步完善校园足球特色学校健康发展的场地、师资、经费保障体系和学生升学激励机制,健全安全风险防控机制和意外伤害保险制度。

二、明确质量建设第一责任人。全国青少年校园足球特色学校的校长是强化校园足球特色学校质量建设的第一责任人,要根据全国校足办和省级校足办的部署,按照《全国青少年校园足球特色学校基本标准(试行)》的要求,切实从强化组织领导和条件保障、落实教育教学要求、完善训练和竞赛体系、培养优秀后备人才等方面抓好抓实全国青少年校园足球特色学校建设工作,夯实基础、打牢根基、提升质量,使全国青少年校园足球特色学校切实成为普及开展足球运动、深入开展足球教育的示范和标杆。

三、强化管理,接受社会监督。为摸清全国青少年校园足球特色学校建设质量情况,2017年5月,教育部办公厅印发《关于做好全国青少年校园足球特色学校复核的通知》(教体艺厅函〔2017〕27 号),对 2015 年、2016 年认定的 13381 所全国青少年校园足球特色学校建设质量情况进行复核。各省级教育行政部门根据通知要求,严格按照《全国青少年校园足球特色学校复核指标体系》,组织开展了本地区全国青少年校园足球特色学校建设质量情况复核工作。经汇总各地报送的复核结果,并商相关省级教育行政部门,全国校足办决定取消 8 所学校的全国青少年校园足球特色学校资格、责令 29 所全国青少年校园足球特色学校限期整改(具体学校名单见附件)。

今后,全国校足办将每年对前一年认定命名的全国青少年校园足球特色学校建设质量进行复核,实现复核工作制度化、规范化。

为常态化、经常性开展全国青少年校园足球特色学校建设质量监督工作,现公布监督举报电话:010－66096849,监督举报电子信箱:fanzemin@moe.edu.cn。对于监督举报的情况,全国校足办将进行认真核实,核实建设质量不合格的,将取消其全国青少年校园足球特色学校资格。

附件:被取消全国青少年校园足球特色学校资格和限期整改的学校名单

教育部办公厅

2018 年 3 月 12 日

《教育部办公厅关于做好全国青少年校园足球特色学校及试点县(区)遴选工作的通知》(教体艺厅函〔2014〕46 号)

各省、自治区、直辖市教育厅(教委),新疆生产建设兵团教育局:

为贯彻落实全国青少年校园足球工作电视电话会议和刘延东副总理讲话精神,加强学校体育工作,实现提高学生体质健康、运动技能和人格素养的总目标和总要求,提高校园足球普及水平,奠定中国足球发展的人才基础,我部决定在全国遴选建设一批校园足球特色学校(以下简称特色学校)和校园足球试点县(区)。现将有关要求通知如下：

一、目标任务

通过特色学校及试点县(区)遴选，树立一批校园足球教育教学工作先进典型，推动广大中小学全面普及校园足球，不断丰富体育教学活动内容，进一步强化体育课和课外锻炼，推动学校加强体育师资和场地设施建设，确保学生每天一小时校园体育活动时间，切实提高学生体质健康水平，满足学生足球学习的需求。到2017年，计划遴选出2万所左右特色学校及30个左右试点县(区)。

二、范围和比例

面向各地及中小学(含中等职业学校)进行遴选，按省域内中小学总数的6%～8%进行总量控制，分三个年度完成。今后每年可按省域内中小学校总量的2%、3%和1%的比例遴选推荐特色学校(含已有定点学校)，及若干个试点县(区)。

三、遴选原则

1.统筹兼顾，合理匹配。特色学校遴选要统筹城乡、区域和学校类型，按高中、初中和小学1∶3∶6的基本比例合理匹配，适当向寄宿制学校和九年一贯制学校倾斜。要有利于区域联赛开展和校园足球的普及。

2.注重衔接，便于升学。遴选特色学校要按照就近入学的要求，充分考虑单校划片、多校划片现状，优先遴选片区内小升初对口直升学校；可向优质高中和具有招收特长生资格的学校倾斜，要有利于学生升学和长期习练足球。

3.立足长远，因地制宜。着眼于中长期发展，从实际出发，量力而行，注重引导，鼓励多元化，吸引和鼓励更多的学校提高体育教学质量，努力争创校园足球特色学校。

4.做好存量，发展增量。要对区域内已有"校园足球定点学校""体育传统项目学校"进行评估调整，并纳入遴选范畴，在建设好存量的基础上，逐步扩大遴选范围，培育种子学校，成熟一批，发展一批。

四、申报条件

1.特色学校：凡符合《全国校园足球特色学校基本标准（试行）》（附件 1）条件的全日制普通中小学均可申报。

2.试点县（区）：政府部门高度重视，有校园足球发展规划，加强措施，完善制度，加大投入，广泛开展联赛，区域内 60％以上的中小学能达到特色学校标准的县（区）均可申报。

五、遴选程序

特色学校和试点县（区）遴选程序由学校和县（区）自主申报、省级教育行政部门推荐、教育部综合认定三个阶段组成。

1.自主申报。凡达到基本条件的学校和县（区），按要求填写申报表（附件 2、附件 3），并将申报报告及相应支撑材料等（附电子版），经上一级教育主管部门同意后，报省级教育行政部门审核。

2.部门推荐。各省级教育行政部门根据全国校园足球特色学校基本标准要求和试点县（区）基本条件，组织专家组对本地申报学校和县（区）的申报报告及相应支撑材料进行审核，将达到标准要求的学校和县（区）列为遴选对象。在向社会公示的基础上，向教育部进行推荐。

3.综合认定。教育部在各地推荐基础上，组织专家进行遴选，并结合相关工作进行实地抽查，经面向社会公示后，最终确定特色学校入选和试点县（区）名单，并予以公布。

六、政策支持

1.对经综合认定的学校和县（区），教育部命名为"全国校园足球特色学校"和"全国校园足球试点县（区）"，并授牌。

2.特色学校和试点县（区）享有本地有关部门给予的有关校园足球教学、训练和竞赛、招生、经费和条件保障等方面的政策支持。

3.国家对特色学校和试点县（区）在校园足球教学、训练和竞赛、师资培训、选送学生培训等方面给予一定的支持；并将特色学校和试点县（区）情况纳入对地方政府教育工作考核内容,纳入各级教育行政部门年度目标考核的重要内容。

4.鼓励各地依据全国校园足球特色学校基本标准,开展本地校园足球特色学校建设工作,形成建设梯队。

七、有关要求

1.各申报单位要严格按照本通知要求,依据全国校园足球特色学校基本标准(试行)和试点县(区)基本条件,实事求是撰写申报报告;申报支撑材料要真实可靠,有备案可查。

2.各省级教育行政部门要高度重视,广泛动员,统筹协调,认真组织,严格把关,确保把条件有基础,发展有意愿,开展有特色的学校遴选出来。

3.各地教育行政部门要加大对特色学校和试点县(区)的支持力度,完善政策措施,加强指导管理,提高教育教学质量,带动校园足球更加广泛的普及和深入发展。

4.请于2015年2月15日前将相关申报材料及申报汇总表(附件3)报送我部体育卫生与艺术教育司,电子版发送至指定邮箱。同时,请将2015—2017年特色学校和试点县(区)遴选计划的数量和师资培训计划一并报送我部。

教育部办公厅

2014年12月26日

附件:1.全国校园足球特色学校基本标准(试行)

根据加快发展和普及校园足球的精神,为确保校园足球特色学校遴选工作规范有序开展,特制定本标准,请遵照执行。

一、组织领导

1.落实国家政策。学校高度重视学校体育和学生体质健康,按照体育与健康课程标准及有关规定开展体育教学和校园足球工作。

2.纳入发展规划。将校园足球纳入学校发展规划和年度工作计划,并严格执行。

3.健全工作机制。建立在校长领导下,学校有关部门共同参加的校园足球工作领导小组,具体指导本校校园足球工作的开展。

4.完善规章制度。学校制定有校园足球工作组织实施、招生、教学管理、课余训练和竞赛、运动安全防范、师资培训、检查督导等方面的规章制度和工作制度,并且不断完善。

二、条件保障

1.配齐配强体育师资。在核定编制总量内配齐体育教师,能满足教学工作需求,并至少有一名足球专项体育教师。每年能提供一次体育师资参加培训机会,学校定期开展体育教学研究,不断提高体育教师教学技能。

2.落实体育教师待遇。体育教师开展体育教学和足球训练和活动要计入工作量。保证体育教师在评优评比、工资待遇、职务评聘等方面享受同等待遇。

3.场地设施建设完备。场地设施、器械配备基本达到国家标准,能满足体育工作的需求,不断得到补充,并建设有适合学校条件的足球场地,足球及基本训练竞赛器材数量充足。

4.体育经费保障充足。设立有体育工作专项经费,纳入学校年度经费预算,原则上年生均体育教育经费不低于10%,保证体育和校园足球工作的正常开展。在为学生实施校方责任险的基础上,为学生新增购买运动意外伤害险。

三、教育教学

1.教学理念先进。深化学校体育改革,坚持健康第一,把足球作为立德树人的载体,积极推进素质教育,促进学生全面发展、健康成长。

2.保证体育时间。按照国家要求,开足开齐体育课,保证学生每天一小时校园体育活动;义务教育阶段学校把足球作为体育课的必修内容,每周用一节体育课进行足球教学;高中阶段学校开设足球选修课;足球运动纳入大课间或课外活动。

3.开发足球课程资源。根据国家校园足球教学指南,因地制宜,开发和编制足球校本教材,实施适合学生年龄特点的足球教学和课外活动。

4.营造校园足球文化。经常开展以足球为主题的校园文化活动(如摄影、绘画、征文、演讲等)。建立基于互联网的校园足球信息平台,动态报道足球活动、交流工作经验、展示特色成果。

四、训练与竞赛

1.成立足球组织。学校有足球俱乐部或兴趣小组,吸纳有兴趣的学生参与足球活动。小学三年级以上建有班级、年级代表队,学校建有校级男、女足球代表队;学生基本达到全员参与足球。

2.开展科学训练。学校制定有系统、科学的训练计划,常年开展课余足球训练,注重提高训练效益,并配备有安全、医疗等应急方案。定期邀请校外专业教练员提供技术指导。

3.建立竞赛制度。不断完善校内足球竞赛制度、并趋于稳定;每年组织校内足球班级联赛、年级挑战赛,每个班级参与比赛场次每年不少于 10 场;积极参加校园足球联赛;主动承办本地足球比赛。

4.支持学生发展。鼓励有天赋、有潜力学生参与校外足球训练、培训和比赛,并积极向上级特色学校及各级各类足球优秀运动队输送人才,为学生提高足球竞技水平和运动能力创造条件。